Acrobates à plumes

Les perruches ondulées ont une vivacité étonnante et disposent d'une parfaite maîtrise de leur corps. On peut le constater en observant leur vol artistique. Elles peuvent changer de direction au beau milieu d'un vol rapide ou se poser avec assurance sur une surface extrêmement réduite. Grimper la tête en haut ou la tête en bas n'est pas un problème pour elles. Et lorsqu'elles soignent leur plumage, elles peuvent atteindre toutes les parties de leur corps avec leur bec.

L'accouplement est un exercice d'équilibre.

Les ailes permettent de garder l'équilibre.

Annette Wolter

Les perruches ondulées

Bien les soigner

Bien les nourrir

Bien les comprendre

Traduction : Stéphanie Alglave et Christian Houba

Photos : Uwe Anders et autres photographes animaliers

Illustrations : Renate Holzner

TABLE DES MATIÈRES

3 Apprendre à les comprendre et s'en occuper

D Divers

Spécial enfants

S'informer

avant d'acheter une perruche

Il y a plus de 150 ans, le naturaliste John Gould rapportait pour la première fois en Angleterre des perruches ondulées d'Australie. Aujourd'hui, ces petits perroquets comptent parmi les oiseaux domestiques les plus appréciés dans le monde.

Chaque flaque, chaque point d'eau, est utilisé par la troupe pour boire et s'y baigner.

Le mode de vie des perruches ondulées dans la nature

L'immense continent australien, qui représente environ 15 fois la superficie de la France, est la patrie des perruches ondulées et de nombreuses autres espèces de perruches et de perroquets.

Le milieu naturel des perruches

Les perruches ondulées vivent principalement dans les régions arides du centre de l'Australie. Seuls quelques buissons bas et des herbes raides, comme le *Spinifex*, principale source de nourriture des perruches ondulées, y poussent. On trouve également des eucalyptus au bord des rares points d'eau et des «creeks», cours d'eau temporaires.

Le climat d'Australie centrale est sec et chaud. Vers midi, le thermomètre peut grimper jusqu'à 40°C à l'ombre, pour retomber la plupart du temps à moins de zéro pendant la nuit. Les perruches ondulées supportent parfaitement ces énormes variations de température, car la nuit, elles dorment serrées les unes contre les autres et se

La femelle examine la cavité et décide si elle va y nicher.

On trouve aussi des perruches ondulées au plumage bleu dans la nature. Leurs chances de survie sont pourtant faibles, car elles sont des proies faciles pour les rapaces.

réchauffent ainsi mutuellement. Cependant, si la température diminue également sensiblement pendant la journée en hiver dans une région donnée, les oiseaux quittent le lieu qu'ils occupaient et s'envolent en troupes vers des régions plus chaudes. Les perruches vivent dans une zone climatique dans laquelle il n'y a pas de saison des pluies fixe. En général, il pleut une partie de l'hiver, mais il y a des années où pas une goutte de pluie ne tombe. Les perruches ondulées ne peuvent alors se reproduire et la population diminue rapidement.

Lorsque la sécheresse se prolonge, il arrive que certaines troupes parviennent jusqu'aux régions côtières, mais qu'elles n'y trouvent pas les conditions convenant à leur reproduction (→ ci-après).

La vie au sein de la colonie

Les perruches ondulées sont des oiseaux sociables. Même en couple, ces oiseaux ont besoin de vivre au sein d'une troupe pour se sentir bien et en sécurité, car les perruches ondulées vivent et couvent en colonies de 20 à 60 oiseaux. Manger, boire, se baigner, dormir, soigner ses plumes, toutes ces activités se déroulent en parfaite harmonie avec la troupe. La troupe d'oiseaux s'installe toujours à proximité d'un point d'eau et occupe par exemple de grands eucalyptus.

En-dehors de la période de reproduction, la troupe s'installe sur le même arbre pour y dormir.

Pendant la période de nidification, les oiseaux creusent plusieurs trous proches les uns des autres dans un arbre pour y nicher ; les autres arbres dans lesquels sont installés des nids sont suffisamment proches pour être visibles et audibles par la troupe.

Tôt le matin et en fin d'après-midi, les oiseaux quittent l'arbre où ils dorment et partent ensemble en quête de nourriture. Ils cherchent sur le sol des graines à demi mûres.

Pendant les périodes sèches, ils se nourrissent de graines sèches, fortement déshydratées, et doivent donc boire régulièrement. Outre les graines, les perruches ondulées se nourrissent également de particules de terre et de sable, qui leur fournissent des minéraux, ainsi que d'insectes, sources de protéines. Tout en cherchant de la nourriture, les oiseaux escaladent des tiges de graminées et de petites branches, ce qui leur permet d'humidifier leurs plumes avec la rosée matinale.

Lorsque la chaleur est intense, la troupe se rend à peu près toutes les trois heures au point d'eau pour boire et se baigner, et les oiseaux se tiennent souvent dans l'eau peu profonde, jusqu'à hauteur du ventre.

La synchronisation des comportements de la troupe de perruches ondulées est étonnante. Par exemple, si un oiseau s'éloigne en volant pour aller boire, la troupe entière le suit jusqu'au point d'eau.

Tous les membres de la troupe accordent beaucoup d'importance à sa cohésion. Ainsi, si l'une des perruches a fini son repas et s'apprête à retourner vers l'endroit où elle vit tandis que les autres cherchent encore fiévreusement des graines, quelques oiseaux volent brièvement avec celui qui leur fausse compagnie pour revenir se poser aussitôt. Cela contraint l'oiseau pressé à patienter auprès de sa troupe jusqu'à ce que tous les oiseaux soient prêts à s'envoler. Cette harmonisation du comportement visant à rester groupé constitue un mécanisme de protection.

Attention, ennemi en vue

Les ennemis de la perruche ondulée sont les oiseaux de proie, en particulier une espèce de faucon.

La couvée est parfois menacée par des serpents et les oisillons qui quémandent bruyamment se trahissent vis-à-vis du Cassican *(Cracticus)*. Les perruches ondulées entrent souvent en compétition avec des hirondelles de cheminée ou les Aegothelidés (oiseaux ressemblant à la chouette), pour occuper une cavité.

La vie en troupe, ainsi que le plumage vert des oiseaux, qui leur sert de camouflage, constitue la meilleure protection contre l'ennemi. Dans le feuillage des arbres, la perruche ondulée verte se remarque à peine, et la tache jaune de son plumage est semblable au reflet du soleil.

La troupe d'oiseaux a trouvé sur cet arbre un endroit sûr pour passer la nuit.

Accouplement de deux oiseaux. Le lien qui s'établit alors durera toute la vie.

En outre, les perruches préfèrent se reposer en hauteur, d'où elles ont un meilleur point de vue. Si un oiseau ennemi apparaît dans le ciel, un cri d'alarme perçant est aussitôt émis, déclenchant l'envol précipité de la troupe.

Mais les perruches ondulées disposent également d'autres moyens vocaux d'expression.

Pendant la recherche de nourriture, elles émettent toujours un cri de contact. Il permet à chaque oiseau de savoir où les autres membres de la troupe se trouvent, même s'il ne peut les voir. Pendant les phases de repos des oiseaux, notamment au crépuscule, avant le sommeil, les perruches ondulées émettent un léger gazouillement, qui exprime un parfait état de détente. Leur «chant», également un doux gazouillement, est un peu plus animé. Une perruche ondulée reconnaît en outre chacun de ses

CONSEIL

En vous informant de manière approfondie sur le mode de vie des perruches ondulées dans leur milieu naturel, vous apprendrez à mieux comprendre la vôtre. Pour qu'elle soit heureuse, il faut offrir à votre perruche ondulée la compagnie d'une autre de ses congénères.

Aspect primitif de la perruche ondulée

Corps	Gracile par rapport à celui de la perruche ondulée d'élevage, dont le corps est plus massif et plus lourd.
Plumage	Vert clair à vert foncé. La face et le front sont d'un jaune lumineux : cette partie du corps est appelée masque et s'étend jusqu'à la poitrine, où elle est bordée de six perles noires. Sur les joues se trouvent les taches auriculaires, d'un bleu violet. Derrière la tête, sur le dos et les couvertures alaires, des plumes brun-noir bordées de jaune dessinent des ondulations.
Rectrices	Les longues plumes de la queue sont bleu-vert à bleu nuit.
Bec	De couleur beige. La cire, sur laquelle sont situées les narines, est bleue chez le mâle et beige à brune chez la femelle.
Mode de vie	Vit en société dans une troupe pouvant comporter jusqu'à 60 congénères. Oiseau monogame, gardant le même partenaire toute sa vie. Ne se rend pas toujours au même endroit, mais migre sur de longues distances à travers l'Australie à la recherche de nourriture.

congénères à son chant. Son ouïe fine lui permet d'attribuer une voix à chacun des membres de la troupe.

Les perruches ondulées sont des acrobates ailés

Dans les périodes difficiles, par exemple lorsqu'il ne pleut pas du tout, l'environnement d'une colonie d'oiseaux n'offre plus assez de nourriture et d'eau. Les oiseaux sont alors agités. Ils survolent longuement matin et soir le lieu où ils se sont installés, transmettent progressivement leur agitation à tous les membres de la troupe et deviennent chaque jour plus énervés. Ils font alors preuve de leur étonnante habileté de vol. La colonic change brusquement de direction au beau milieu d'un vol extrêmement rapide, tout en conservant exactement la même formation. Cette aptitude laisse du reste peu de chance aux ennemis d'attraper une proie avec succès.

Un jour, la colonie quitte définitivement l'endroit où elle s'est installée et parcourt souvent des centaines de kilomètres dans le pays. La troupe s'associe souvent à d'autres troupes au cours du déplacement vers de nouvelles sources de nourriture. Les perruches forment alors des nuées pouvant comporter jusqu'à 2000 oiseaux, qui cheminent ensemble jusqu'à ce qu'ils aient atteint une région dans laquelle il a plu ou il pleut encore.

La pluie constitue l'impulsion décisive déclenchant les migrations des oiseaux. La direction et le moment du vol sont sans importance.

Véritables «nomades», les perruches ondulées n'ont pas à fixer d'itinéraires à l'aide de repères visuels comme nos oiseaux migrateurs, car elles ne retournent presque jamais - sauf accidentellement - dans une région déterminée.

Naissances au sein de la colonie

Si le grand groupe rencontre une région où il a plu, de petites troupes s'en détachent peu à peu et se mettent activement à la recherche d'un endroit pour habiter et nicher. Les oiseaux de la nouvelle colonie prennent à peine le temps de se reposer de cet épuisant voyage. Ils se mettent immédiatement au labeur, car il faut profiter de l'abondance momentanée de nourriture pour assurer la reproduction. Les mâles escaladent inlassablement les arbres et désignent à leur femelle un trou dans lequel elles pourront nicher.

Si la femelle le trouve à sa convenance, elle commence aussitôt à aménager le trou comme elle l'entend. En général, il faut agrandir l'entrée, creuser le fond ou lisser les parois internes. En contact étroit avec d'autres couples, chaque oiseau qui n'est pas encore disposé à nicher participe à l'animation générale.

La salade n'est pas seulement une friandise. Ses feuilles humides servent aussi à s'humecter le plumage.

Toutes les perruches ondulées apprennent-elles à parler ?

Non, malheureusement. En revanche certaines perruches imitent des bruits, comme la sonnette d'une porte, ou sifflent de petites mélodies qu'elles ont déjà entendues. Mais il y a aussi beaucoup de perruches ondulées qui n'imitent rien du tout. Elles ne maîtrisent que le langage des perruches. Si ta perruche est dans ce cas, ne sois pas déçu. Peut-être ton oiseau dispose-t-il d'autres facultés, comme c'est le cas du mien, Mini. Mini est une adorable petite perruche ondulée femelle, au plumage bleu clair. Elle n'a jamais appris à parler, mais elle sait jouer du piano. Elle sautille avec enthousiasme sur les touches de son petit piano, un jouet. Lorsque les touches retentissent, elle se pâme de joie et gazouille avec excitation.

La parade a lieu pendant cette intense activité. Le couple se becquette avec ardeur.
Le mâle nourrit sa femelle, caresse les plumes de son cou et de sa tête, heurte doucement son aile du bec, trottine sans répit, en hochant la tête, le long de la branche, jusqu'à ce que la femelle montre qu'elle est prête à s'accoupler : elle relève sa tête et sa queue vers le haut afin de l'attirer et de l'exhorter à l'accouplement.
Le mâle grimpe alors sur le dos de la femelle, se tient fermement avec le bec aux plumes de sa tête, l'entoure avec une aile ou les deux et, dans un périlleux exercice d'équilibre, presse son cloaque contre celui de la femelle : les spermatozoïdes passent à ce moment-là dans l'oviducte.
Le premier œuf est bientôt pondu, et tous les deux jours, un nouveau s'ajoute, jusqu'à ce qu'il y en ait entre quatre et six. La femelle commence à couver dès le premier œuf. Elle ne quitte son nid que pour aller déposer ses fientes à quelque distance.
Pendant l'incubation et pendant que les petits sont élevés au nid, le mâle nourrit la femelle par l'entrée. Celui-ci ne peut entrer dans le nid que lorsque les petits sont complètement recouverts de plumes. Il se charge alors également de les nourrir.
Le temps presse, car près de 18 jours après la première pluie, les herbes commencent à porter des graines à demi mûres. Elles constituent une nourriture idéale pour les perruchons. Tant qu'il y a de la nourriture, une deuxième et, si possible,

une troisième couvée succèdent à la première.
Chaque œuf est couvé pendant environ 18 jours. La femelle ne quitte quasiment pas ses œufs, qu'elle change régulièrement de place.
Le premier poussin éclôt au bout de 18 jours, suivant l'ordre de la ponte, et tous les deux jours un autre se glisse hors de sa coquille (→ photos, pages 84/85).

Le développement des jeunes oiseaux

Pendant quatre à cinq jours, la mère nourrit jour et nuit les perruchons les plus jeunes de sécrétions très riches en éléments nutritifs provenant de son proventricule stomacal (→ photos, pages 84/85).
Comme un nouvel oisillon éclôt tous les deux jours, on trouve dans le nid des jeunes à différents stades de leur développement. Le plus petit est toujours au milieu de ses frères et sœurs, qui forment un petit attroupement autour de lui.
Lorsque le plus jeune des oisillons est âgé d'environ 16 jours, la mère quitte le nid plus longuement, pour partir avec le père à la recherche de nourriture. Bientôt, les perruchons les plus robustes grimpent vers l'entrée et attendent le retour des parents et la nourriture.
Environ quatre semaines après l'éclosion, le poussin sort du nid. Il reste de plus en plus longtemps posté à l'entrée du trou, jusqu'à ce qu'il se risque au vol et atterrisse dans les branches de l'arbre où est situé le nid. Désormais, les parents ont encore plus à faire : il leur faut s'occuper des petits restés dans le nid ainsi que de ceux qui ont déjà pris leur envol. Les «plus vieux» sont en général nourris par le père tant qu'ils ne sont pas autonomes. Ils volent avec leur père et apprennent en l'imitant comment se nourrir. Lorsque tous les perruchons savent voler, seul le père s'occupe encore d'eux, tandis que la mère entreprend la couvée suivante.
Les jeunes de la colonie devenus autonomes forment peu à peu une troupe et vivent ensemble, comme leurs parents avant le début de la nidification.
Au contact de leurs congénères, leur comportement social inné s'exprime, ils effectuent des simulacres de luttes entre rivaux, expérimentent l'approche d'un oiseau du sexe opposé et parfois son rejet, à l'occasion duquel ils reçoivent des

CONSEIL

Aujourd'hui, une personne qui souhaite acquérir des perruches ondulées ne doit plus avoir mauvaise conscience. Ces oiseaux se multiplient en si grand nombre en captivité, que la demande peut être couverte par les oiseaux d'élevage et que l'on ne trouve plus d'oiseaux capturés à l'état sauvage en animalerie.

Les plumes qui sont tombées repoussent ensuite.

Même lorsque les manœuvres d'atterrissage sont difficiles, le vol d'une perruche reste gracieux.

coups de bec. En revanche, si leur approche est acceptée, les fiançailles peuvent déjà avoir lieu. Le mariage est toutefois repoussé à l'âge de la maturité sexuelle des oiseaux, qui se situe entre 3 et 6 mois. Si un oiseau ne trouve pas de partenaire dans la colonie où il est né, il en aura peut-être l'occasion au cours de la prochaine migration en groupe.

L'introduction de la perruche ondulée en Europe

Le naturaliste anglais John Gould rapporta les premières perruches ondulées en Angleterre en 1840. Bientôt, les petits perroquets devinrent l'attraction de la «haute» société anglaise. Ses membres étaient prêts à payer des sommes élevées pour ces oiseaux rares. Flairant les bonnes affaires, les marins commencèrent à capturer des perruches ondulées par milliers et à les expédier en Europe. Les rares oiseaux qui survécurent au difficile voyage ne restèrent cependant pas longtemps en vie en captivité. Personne ne savait comment nourrir et soigner les perruches ondulées.
Bientôt, le gouvernement australien interdit strictement la poursuite de l'exportation des perruches ondulées. Ainsi, celles qui vivaient en Europe furent mieux soignées.
La première couvée réussie fut le fruit du hasard. Une femelle perruche installée dans une volière s'introduisit par le trou d'une noix de coco creuse - destinée aux Diamants mandarins *(Taeniopygia guttata)* - et l'utilisa pour couver et élever ses poussins.

Carte d'identité de la perruche ondulée

Origine	Australie centrale.
Habitat	Zones semi-désertiques, steppes herbacées et arides avec points d'eau.
Aspect	Forme primitive (→ page 13), ou, à l'heure actuelle, nombreuses formes avec un plumage aux coloris et aux motifs variables (→ page 36).
Taille	De 18 à 24 cm de la pointe du bec à l'extrémité de la queue en passant par la tête.
Queue	De 8 à 12 cm.
Poids	De 30 à 40 grammes.
Durée de vie	De 12 à 14 ans.
Maturité sexuelle	Entre trois et six mois.
Nombre de couvées	De deux à trois couvées dans la nature, après des pluies abondantes.
Mue	Vers la fin de la période de reproduction.
Nombre d'œufs par couvée	De 4 à 6 (parfois 9).
Ponte des œufs	A intervalles de deux jours.
Début de l'incubation	A partir du premier œuf, parfois du second seulement .
Durée de l'incubation	18 jours.
Séjour au nid	De 28 à 32 jours.

Lorsque l'espace est si restreint, l'atterrissage se calcule à quelques millimètres près.

Le nom latin

Les scientifiques ont défini pour chacun des êtres vivants de notre planète une classe, un ordre et une famille, et leur ont attribué un nom scientifique.
Celui de la perruche ondulée est *Melopsittacus undulatus* Shaw.
Melos signifie chant en grec et *Psittacus* perroquet. *Undulatus* est un mot latin signifiant ligne ondulée. On a ajouté le nom de Shaw, naturaliste anglais qui fut le premier à décrire et à nommer l'oiseau.
Melopsittacus undulatus signifie ainsi littéralement : «perroquet chanteur ondulé».

Quelques réflexions avant d'acquérir une perruche

Si vous souhaitez acquérir une perruche, réfléchissez-y bien pour savoir si ce petit perroquet, très vivant, vous conviendra. Une perruche ondulée souffre de la solitude. C'est un oiseau intelligent, qui a besoin de beaucoup d'activités et de contacts avec son maître. Il peut vivre environ 12 ans, durée pendant laquelle son propriétaire en est responsable et doit parfois faire passer ses propres préoccupations au second plan.

Points de réflexion

1 Si vous avez une activité professionnelle et vivez seul, si vous préférez passer les week-ends loin de chez vous, ne prenez une perruche ondulée que si vous êtes certain que quelqu'un pourra s'en occuper plusieurs heures par jour.

2 Si vous souhaitez offrir une perruche ondulée à votre enfant, sachez que les enfants sont capables de bien s'occuper des oiseaux, mais que leur intérêt décline souvent rapidement. Une perruche ondulée

En s'envolant, une perruche frôle accidentellement une de ses congénères, qui semble quelque peu ébahie.

CONSEIL

On entend souvent dire que les perruches ondulées femelles ne s'apprivoisent pas et ne peuvent parler. Ne vous laissez jamais influencer par ces préjugés. Une femelle s'est un jour approchée de mes amis et s'est aussitôt présentée à eux de cette manière : «Je m'appelle Kuckie». Et ce n'était là qu'un petit extrait de son répertoire.

appartenant à un enfant a également besoin d'attention de la part des parents, qui doivent aussi surveiller la façon dont l'enfant s'en occupe.

3 Une perruche ondulée est particulièrement attachée à son maître et souffrirait d'en être séparée pour toujours.

4 Une perruche ondulée ne reste en bonne santé que si elle reçoit des soins attentifs et une nourriture variée ; son propriétaire doit donc lui consacrer du temps et se montrer patient.

5 Une perruche ondulée doit avoir suffisamment d'occupations et doit pouvoir voler en liberté. Son propriétaire aménage donc la pièce dans laquelle elle vit de façon à éviter les accidents (→ page 50).

6 Lorsqu'on adopte une perruche ondulée, on souhaite généralement que l'animal prononce quelques mots. Cependant, les perruches ondulées n'apprennent pas toutes à parler. Songez que vous pourriez dans ce cas vous désintéresser de l'animal.

7 Tenez compte du fait que vous-même ou un membre de votre famille peut être allergique aux poussières du plumage. Par sécurité, consultez au préalable un médecin (→ Conseils importants, page 127).

8 Il peut arriver que l'oiseau tombe malade ou se blesse et que vous ayez à l'emmener chez le vétérinaire. Vous devrez y consacrer du temps et de l'argent.

Mâle ou femelle ?

Les mâles comme les femelles ont les mêmes besoins et leur nature diffère peu. Les oiseaux des deux sexes s'attachent souvent fortement à leur maître, souhaitent avoir des contacts et des distractions et regrettent d'être laissés seuls trop souvent et trop longtemps.

Toutefois, les femelles se montrent nettement plus patientes

La patte passe toujours sous l'aile pour atteindre la tête.

quand elles doivent s'occuper toutes seules. Elles peuvent becqueter une branche de bois tendre pendant des heures et s'en contenter. Cette attitude est certainement en rapport avec leur comportement en liberté, car ce sont les femelles qui, en utilisant inlassablement leur bec, creusent les trous dans lesquels elles nicheront (→ page 14).

Oiseau seul ou couple ?

Il est préférable de posséder un couple plutôt qu'un seul oiseau. Il y a deux raisons à cela :

■ Pour pouvoir exprimer leur comportement social inné, les perruches doivent au moins être deux. En observant un couple, son propriétaire comprendra mieux ses oiseaux, et percera les mystères de leurs relations.

■ Même avec la meilleure volonté, il n'est pas toujours possible d'éviter que le propriétaire des oiseaux ait à s'absenter un certain temps de son domicile. Un oiseau seul se sentira frustré tandis que deux oiseaux n'auront pas l'impression d'être abandonnés, bien qu'ils se réjouissent que la troupe soit de nouveau au complet lorsque leur maître revient.

Les enfants et les perruches ondulées sont de bons amis. Ils s'amusent beaucoup ensemble.

Qui se reflète dans cette louche ?

Les perruches ondulées sont-elles des «animaux câlins» ?

On ne peut prendre un oiseau dans la main et le câliner, comme on le ferait avec un cochon d'Inde ou un lapin nain. Si tu agissais ainsi avec ta perruche ondulée, elle paniquerait et n'aurait plus confiance en toi.

Il est facile d'expliquer pourquoi une perruche est craintive. Dans la nature, les petits oiseaux sont souvent chassés et attrapés par des plus grands. Donc, si ta main saisit brusquement la perruche, elle a la même impression que si un grand oiseau l'avait capturée. Elle est alors extrêmement apeurée.

Si tu souhaites avoir une perruche ondulée comme animal domestique, tu dois comprendre que ce n'est pas un animal à cajoler. En revanche, tu peux l'observer attentivement. Regarde comme elle nettoie son plumage avec soin, en lissant chaque plume dans son bec, ou avec quel zèle elle déchiquette des branches fraîches. Chez un couple d'oiseaux, tu peux voir comment les deux animaux se nourrissent mutuellement, jouent ensemble et comment l'un caresse l'autre avec son bec.

De plus, si tu t'occupes souvent de ton oiseau et si tu fais preuve de patience, il s'apprivoisera au point qu'il viendra volontiers sautiller sur ta main et qu'il apprendra peut-être même à parler. Cela prouve qu'il a une grande confiance en toi.

L'argument fréquemment avancé selon lequel un couple se suffit à lui-même et ne se liera pas à un être humain ne se vérifie que si les deux oiseaux, livrés à eux-mêmes dès le début, restent enfermés dans la cage. En revanche, si l'on s'occupe tout de suite beaucoup d'eux, on peut s'en faire des amis, et l'on se réjouira de leurs relations capricieuses (→ Jeux et distractions, page 106).

Le sexe d'un couple a également peu d'importance. Si ce couple est constitué de deux mâles ou de deux femelles, l'un des oiseaux assumera au bout d'un certain temps le rôle de l'autre sexe. Les perruches ondulées y parviennent si bien, que le pseudo-couple ne rencontre de problèmes que lorsque, pour une raison ou pour une autre, il se retrouve en compagnie d'une perruche ondulée de l'autre sexe. Dans ce cas, une rivalité mêlée d'agressivité peut apparaître, surtout si un mâle est entouré de deux femelles. La femelle qui l'emporte éprouve alors un tel sentiment de supériorité par rapport à l'autre, qu'elle la poursuit impitoyablement et lui occasionne des blessures relativement graves en lui donnant des coups de bec. A l'inté-

rieur d'une cage fermée, cette situation pourrait entraîner la mort de la perruche la plus faible. En revanche, les oiseaux en liberté peuvent s'éloigner l'un de l'autre et la rivalité prend une tournure moins dramatique, bien que désagréable pour ceux qui y sont confrontés.
Si vous souhaitez posséder une petite troupe d'oiseaux, vous devriez mettre immédiatement en contact beaucoup de mâles et de femelles. Une petite troupe peut vivre paisiblement dans une volière assez grande ou dans une chambre d'oiseaux bien aménagée. La cage-volière d'intérieur remplace avantageusement une volière extérieure, coûteuse. Cependant, dans une cage-volière comme dans une volière, les oiseaux s'apprivoisent difficilement. Ils s'habituent seulement à l'apparition, à intervalles réguliers, de la personne qui s'occupe d'eux et leur apporte de la nourriture.

Perruches ondulées et autres animaux domestiques

On peut faire comprendre à un chien que la perruche ondulée fait partie de la «meute» et qu'elle est absolument taboue, comme tous les autres membres de la famille.
Cependant, au début, il vaut mieux ne pas laisser les animaux seuls sans surveillance. Le chien peut être curieux, s'approcher brusquement de la cage et causer une grande frayeur à l'oiseau, ce qui serait préjudiciable à son acclimatation. En outre, il faut que l'oiseau s'habitue progressivement à la présence du chien et à son aboiement.
Les rongeurs comme les lapins, les cochons d'Inde et les hamsters vivent généralement sans problème aux côtés des perruches ondulées. Si des contacts plus étroits s'établissent entre les animaux, l'oiseau comprend vite qu'aucun danger ne le menace. S'il le peut, il se rapproche même avec prudence du rongeur et entreprend de lui soigner le pelage.
Un chat, en revanche, représente un danger pour l'oiseau. En effet, son instinct de chasse ne disparaît jamais. Tout ce qui bouge se révèle extrêmement attrayant pour lui, et il donne aussitôt la chasse. Même si votre chat a de bonnes dispositions, il peut arriver qu'il tue l'oiseau lorsque vous ne le surveillez pas.
Il est impensable de posséder à la fois des singes ou des reptiles

CONSEIL

Si on ne souhaite élever qu'une seule perruche ondulée, son sexe a peu d'importance. Même un spécialiste parvient difficilement à déterminer avec certitude le sexe de jeunes perruches ondulées. Le trait caractéristique du mâle, à savoir la cire bleue, a disparu chez certaines variétés.

Les perruches ondulées ont bon caractère. Elles peuvent également vivre en compagnie d'oiseaux d'autres espèces.

Le chat a failli faire la culbute en sautant de la cage. Chats et perruches ondulées ne doivent pas cohabiter. Le chat pourchasse l'oiseau dès qu'il en a l'occasion.

et une perruche ondulée. Dans leur milieu naturel, les singes capturent des oiseaux et des petits mammifères et les mangent. Pour ces grimpeurs et sauteurs habiles, capturer un oiseau ne présente pas de difficultés. Chez les reptiles, cela dépend de leur taille. Un petit lézard s'avère inoffensif, mais des serpents ou un crocodile signifient une mort assurée de l'oiseau.

Un aquarium avec des poissons ne présente pas de risque pour une perruche ondulée, mais l'oiseau pourrait néanmoins glisser en regardant les poissons et tomber dans l'eau. Dans un petit bocal, il n'a pas la place pour battre des ailes et de se maintenir ainsi à la surface ou de s'envoler. Il se noierait. C'est pourquoi un aquarium doit toujours être muni d'un couvercle qui ne puisse glisser si l'oiseau y atterrit ou se promène dessus.

Les perruches ondulées et les enfants

Beaucoup de parents achètent

une perruche à leurs enfants pour leur faire plaisir. La vie de ces oiseaux est souvent bien morose, car les enfants s'en désintéressent en général rapidement, et les parents veillent rarement au bien-être des perruches.

La meilleure manière de préparer un enfant à vivre avec un oiseau est de bien lui expliquer le mode de vie des perruches ondulées en liberté : expliquez-lui, par exemple, la façon dont elles vivent au sein de la troupe, dont elles éduquent leurs petits et forment un couple pour la vie, et comment il deviendra, pour sa perruche ondulée, un partenaire de substitution.

Il est également préférable que vous fassiez tous les préparatifs nécessaires avec votre enfant et que vous lui expliquiez ce qui est bien pour un oiseau et ce qui est mauvais, ce qu'il aime et ce qu'il craint. Bien entendu, l'enfant doit aller choisir lui-même son oiseau.

Il faudra ensuite parler de ce que l'enfant aura à faire pour l'oiseau. Les tâches qu'il assumera seront fonction de son âge.

■ Avant sept ans, l'enfant

Le millet en épi fait les délices des lapins et des perruches ondulées. Les deux animaux grignotent le même épi en toute confiance.

Check-list pour les vacances

C'est dans son environnement habituel qu'une perruche ondulée se sent le mieux. Cherchez d'avance une personne de confiance qui s'en occupera pendant que vous serez absent pour une période prolongée.

CE QUE DOIT SAVOIR LA PERSONNE QUI GARDE L'OISEAU

1. Nourriture	Quelle est la nourriture habituelle de l'oiseau. Combien de fois par jour il doit être nourri. La quantité de nourriture qu'il prend.
2. Soins	Quelles heures de repas devraient être respectées. De quelle manière il faut entretenir une cage. De quels ustensiles de soins l'oiseau a besoin (par exemple une baignoire).
3. Occupations	Comment donner suffisamment d'occupations à l'oiseau. Quelles sont les règles de comportement importantes lorsqu'on s'occupe de l'oiseau.
Adresses	Adresse et numéro de téléphone du vétérinaire. Votre adresse de vacances.

Si vous ne trouvez pas une personne de confiance qui s'occupera de votre oiseau, demandez aux animaleries si elles prennent des oiseaux en pension. La société protectrice des animaux connaît des adresses de personnes qui gardent les animaux. Les règles d'importation étant strictes, on ne peut se contenter d'emmener sa perruche avec soi à l'étranger (renseignez-vous sur les réglementations relatives à l'importation auprès de votre vétérinaire ou du consulat du pays concerné).

pourra donner quotidiennement, à heures régulières, une friandise à l'oiseau, dès que l'on sait ce que celui-ci apprécie particulièrement. Il vous faudra être présent pendant les soins quotidiens et aider l'enfant.

■ Entre sept et dix ans, les enfants peuvent acheter la nourriture de leur perruche ondulée et lui offrir de temps en temps un jouet avec leur argent de poche. Ils devraient s'occuper des soins quotidiens et de l'approvisionnement en nourriture et en eau et aider au nettoyage hebdomadaire (→ page 70). Il faut cependant qu'un adulte vérifie systématiquement si l'oiseau a toujours suffisamment de nourriture et d'eau.

■ Les enfants âgés de plus de dix ans peuvent en principe s'occuper seuls de leur oiseau. Cependant, votre surveillance reste indispensable. Les parents doivent notamment s'assurer chaque jour que la perruche ondulée est en bonne santé.

N'oubliez pas de parler de l'oiseau avec votre enfant. Demandez-lui de bien vous expliquer ce qu'il a observé, questionnez-le par exemple sur les habitudes de l'animal, sur les fruits qu'il aime ou sur son jouet préféré.

Questions juridiques relatives à la possession d'animaux

Il existe des dispositions légales concernant l'hébergement des animaux domestiques que leur propriétaire est tenu de respecter. Les dispositions les plus importantes sont résumées ci-après.

Droit locatif

Si aucune disposition relative à l'hébergement d'animaux ne figure dans votre bail, vous pouvez en déduire que vous avez le droit d'héberger dans votre appartement les animaux domestiques courants. En effet, la possession d'animaux fait aujourd'hui partie d'un mode de vie normal et d'une utilisation contractuelle de l'appartement, tant que les animaux ne créent pas de troubles. Cela s'applique en principe et à plus forte raison aux perruches ondulées. En effet, ces animaux sont par nature incapables de troubler la tranquillité de l'immeuble. Ils ne dégagent pas d'odeur gênante et ne font pas de bruit susceptible de gêner les autres colocataires. De plus, ils risquent peu de causer des dommages à l'appartement. En France, depuis la loi Thome-Patenôtre de 1970, les propriétaires n'ont plus le droit d'interdire aux habitants d'une maison ou d'un appartement d'avoir un animal domestique. Le locataire n'a donc pas besoin d'autorisation expresse pour héberger des perruches ondulées. Cet hébergement ne devient problématique que lorsqu'une ou deux perruches donnent naissance à un véritable élevage comprenant un grand nombre d'animaux. Il faut alors vérifier au cas par cas dans quelle mesure la tranquillité de l'immeuble est troublée ou non.

Droit du propriétaire

Une interdiction générale d'héberger des perruches ondulées dans un immeuble en copropriété ne serait valide que si elle faisait l'objet d'un accord contractuel des copropriétaires. En revanche, une décision des copropriétaires limitant à un nombre raisonnable les animaux hébergés dans l'immeuble pourrait être adoptée.

Elevage

Toute personne qui souhaite élever des perruches ondulées pour son compte ou à titre professionnel doit en obtenir l'autorisation administrative, dans le cadre de la lutte contre les maladies contagieuses des animaux et la psittacose. Certes, la «maladie des perroquets» ne représente plus un risque important à l'heure actuelle, mais le législateur veut cependant s'assurer que l'élevage est constitué d'animaux en bonne santé. C'est pourquoi, afin de pouvoir repérer les animaux malades le cas échéant, tous les perroquets et perruches issus d'un élevage légal et enregistré sont dotés d'une bague à la patte qu'il ne faut pas enlever si elle ne risque pas de blesser l'oiseau .

La bague

Fournie par les sociétés ornithologiques, la bague porte le numéro de référence de l'élevage et l'année de naissance de l'oiseau. En principe, il faudrait que l'animal porte sa bague, car s'il s'envole, son propriétaire pourra être retrouvé grâce à son numéro de matricule. Toutefois, le port de la bague peut poser un problème. L'oiseau risque de s'accrocher ou de se blesser. La bague peut aussi entraver la circulation sanguine. Dans ce cas, il faut demander à l'oiseleur ou au vétérinaire de l'ôter. Veillez cependant à la conserver car elle prouve l'origine de votre perruche.

La bague ne doit être retirée qu'en cas de maladie.

Protection des espèces

De nombreuses espèces de perroquets et de perruches sont aujourd'hui protégées dans leur pays d'origine et dans tous les pays signataires de la Convention de Washington. Des règlements nationaux et internationaux limitent l'importation et la commercialisation de certaines espèces recherchées pour la beauté de leur plumage et de ce fait particulièrement menacées.

Contrat de vente

Dans toute bonne animalerie, un contrat de vente est normalement remis à l'acheteur. Les mentions suivantes doivent figurer dans ce contrat : date de l'achat, numéro de la bague, prix de vente, adresse du vendeur et de l'acheteur. Si ce critère est décisif pour l'acheteur, le sexe de l'oiseau doit également figurer. Ce contrat ne doit pas nécessairement être rédigé par écrit, un contrat oral restant valide. Si, après la vente, il s'avère que l'animal présente un défaut (à savoir une maladie), l'acheteur peut faire valoir ses garanties légales et, par exemple, annuler le contrat ou réduire le prix de vente. Toutefois, il doit être établi que l'animal était déjà malade au moment de la vente (et seulement alors).
Dans le cas de maladies infectieuses, le début de la maladie est difficile à déterminer : aussi, seuls des vétérinaires sont en général compétents pour le faire.
Le diagnostic de la maladie doit cependant être établi dans les délais définis par la loi, qui correspondent à peu près à la durée de l'incubation et valent à compter de la date de l'achat: dans ce cas, l'acheteur n'est pas tenu d'apporter la preuve de l'antériorité.

Bruit

Ce qui fait la joie des uns fait parfois le malheur des autres. Le gazouillement des perruches peut-il troubler le voisinage ? Si les perruches ondulées sont élevées en grand nombre dans l'appartement ou dans une volière extérieure, il n'est pas exclu que leur propriétaire puisse faire l'objet de plaintes.

On ne doit pas garder une perruche trouvée (→ Animaux trouvés, page 31).

Lorsqu'on possède un couple d'oiseaux, on doit s'attendre à des naissances.

Animaux trouvés

Les perruches ondulées qui se sont envolées doivent être traitées comme des «objets trouvés», ce qui signifie qu'il faut en principe les amener au commissariat de police qui confiera les animaux à un refuge. Mais on peut également essayer soi-même de retrouver le propriétaire. Le numéro de la bague permet d'obtenir, par l'intermédiaire des sociétés ornithologiques, les coordonnées de l'éleveur, qui peut ensuite identifier l'acheteur dans son registre.

Décès de l'animal

La perruche ondulée n'est pas concernée par la loi sur l'élimination du corps des animaux, et peut donc être enterrée dans le jardin. C'est la loi sur l'élimination des déchets qui s'applique aux petits animaux, de sorte qu'il est également possible de les mettre dans la poubelle. La solution pour laquelle on se décide finalement est une question de point de vue. Une éthique soucieuse de la protection des animaux veut que l'oiseau puisse terminer son existence dans la dignité.

Questions importantes lors de l'achat d'une perruche

En choisissant votre perruche ondulée avec soin, vous vous épargnerez des déceptions futures. Veillez notamment à ce que l'oiseau soit encore jeune, car plus il est jeune, mieux il s'habituera à son nouvel environnement et plus facilement il s'apprivoisera.
Bien entendu, il faut que l'oiseau soit en bonne santé et vif, afin qu'il devienne dès le premier jour un joyeux compagnon pour vous.

Où vous procurer une perruche ondulée ?

Il existe plusieurs moyens de se procurer une perruche ondulée:

- Des amis ou des personnes que vous connaissez ont eu des oisillons et sont prêts à vous en donner un.
- Vous l'achetez dans une animalerie sérieuse.
- Vous connaissez un éleveur qui vous informera lorsque les petits auront quitté le nid.

Vous vous procurerez des adresses d'éleveurs à proximité de chez vous par l'intermédiaire d'une association d'aviculture (→ adresses page 125). On

La perruche ondulée peut humecter son plumage grâce aux feuilles de cette plante d'intérieur qui a été vaporisée.

Comment reconnaître une perruche ondulée jeune

	Jeune perruche ondulée	Perruche ondulée adulte
Yeux	Elle a de grands yeux en forme de «boutons», encore entièrement noirs.	L'iris blanc autour des yeux est complètement formé.
Plumage	Les lignes ondulées du plumage remontent sur la tête jusqu'à la cire. Les perles du collier sont très petites.	Le masque, c'est-à-dire le visage du front à la gorge, est unicolore, et ne comporte pas d'ondulations.
Bec	Le bec est plus sombre que celui des oiseaux adultes.	Le bec est plus clair que chez les oiseaux jeunes.
Cire	La cire est claire. Chez beaucoup de jeunes femelles, elle est entourée d'une bordure blanche fine.	Les mâles adultes ont une cire bleue. Cependant, cette caractéristique a disparu chez beaucoup de variétés.

peut également trouver des adresses dans les expositions d'oiseaux, où des éleveurs présentent leurs oiseaux, et éventuellement y apprendre à quel moment un éleveur compte avoir de nouveaux petits perruchons.

Faites le bon choix

Avant de vous attacher à une perruche, vérifiez si la cage dans laquelle elle est installée avec ses congénères est propre et si l'oiseau y dispose d'une liberté de mouvement suffisante. Si cela n'est pas le cas, il vaut mieux que vous vous procuriez l'oiseau ailleurs, car la saleté et le confinement peuvent être à l'origine d'une maladie qui risque de se déclarer ultérieurement.
Lorsque vous choisirez votre perruche, vous le ferez peut-être parce que la couleur de son plumage vous a frappé ou parce qu'elle joue avec vivacité. Laissez-vous aller à votre coup de cœur et adoptez-la.
Seuls les deux éléments suivants comptent : l'oiseau est-il encore jeune et est-il en bonne santé ?

Pourquoi faut-il que l'oiseau soit jeune ?

Entre cinq et huit semaines, une perruche ondulée s'habitue en général sans problème à un nouvel environnement et à son maître. Si vous avez la chance d'obtenir un oiseau qui vient de quitter le nichoir, vous pou-

vez être certain qu'il sera particulièrement doux et confiant. Cependant, il peut n'être pas assez habile pour décortiquer lui-même les graines. Il faut l'aider en répandant des graines broyées sur le sol et en laissant l'oiseau chercher sa nourriture par terre, comme le font habituellement les perruches ondulées.
Il ne faut en général que quelques jours pour que l'oiseau sache décortiquer lui-même les graines.

L'apparence d'une perruche ondulée en bonne santé

■ Le plumage est lisse et mat.
■ Les plumes entourant le cloaque - orifice ano-uro-génital d'un oiseau - sont propres et non souillées par des excréments.
Inspectez également la peau entourant le cloaque.
Demandez au vendeur de souffler sur les plumes entourant le cloaque quand il tient l'oiseau en main. Si celui-ci est rouge, cela peut-être un signe de maladie.
■ Le sternum de l'oiseau est convexe et n'est pas concave. Un sternum concave indique qu'il a une maladie. Vérifiez cela en caressant doucement la poitrine de l'oiseau avec le doigt.
■ Les yeux et les narines ne sécrètent pas de liquides et sont dépourvus de croûtes.
■ Les pattes et les doigts doi-

Comment reconnaître un couple de perruches ondulées dans une animalerie ?

Toutes les jeunes perruches ondulées ne sont pas vendues tout de suite. Si l'une d'entre elles vit un certain temps avec d'autres perruches ondulées dans une cage commune, elle trouvera souvent un ou une partenaire. Tu reconnais un couple d'oiseaux à ce que les deux animaux sont perchés l'un contre l'autre. Ils se nettoient mutuellement le plumage, se becquettent et font absolument tout ensemble. Il ne faut pas séparer un tel couple, mais au contraire acheter les deux oiseaux. Sinon, chacun d'eux regrettera d'avoir perdu son partenaire. Tu dois cependant savoir qu'un couple ne s'apprivoise pas aussi rapidement qu'un oiseau seul. Mais les perruches ondulées sont plus heureuses à deux.

Les perruches ondulées sont incroyablement souples, ce que l'on peut observer lorsqu'elles nettoient soigneusement leur plumage.

vent être droits et propres. Il y a deux doigts antérieurs et deux doigts postérieurs. Les écailles des pattes doivent être lisses.
Si un doigt manque, cela ne signifie pas nécessairement que l'oiseau est malade ; il s'agit seulement d'un défaut esthétique. Ce petit défaut peut cependant justifier un rabais.
■ Une perruche ondulée en bonne santé se déplace avec vivacité, se nettoie et a des contacts avec ses congénères.

Comment reconnaître une perruche ondulée malade ?

Elle est perchée sur ses deux pattes à l'écart de ses congénères, l'air indifférent.
Un oiseau malade a les yeux à demi fermés, le bec enfoui dans les plumes de son dos, et son plumage est ébouriffé.
Observez cependant un tel oiseau pendant un certain temps, pour voir s'il est constamment apathique.
Même des perruches ondulées en bonne santé dorment parfois dans la même position qu'un oiseau malade. Cependant, la plupart d'entre elles ne reposent que sur une patte pendant qu'elles dorment, tandis que l'autre patte est rentrée dans le plumage du ventre.

Les couleurs de plumage les plus appréciées

Dès la fin du XVIIIe siècle, il y avait des perruches ondulées au plumage jaune, et les premières perruches au plumage bleu furent exposées en Angleterre en 1910.
Actuellement, il est rare de trouver un oiseau possédant encore le plumage primitif parmi les perruches ondulées d'élevage (→ page 13). La plupart des oiseaux domestiques ont les coloris suivants : vert clair, bleu clair, gris-vert, vert foncé, bleu cobalt, gris, violet et vert olive. Il est plus rare de trouver des perruches ondulées de différents coloris avec des motifs jaunes, blancs et cannelle.

Variantes produites par l'élevage

Si l'élevage de perruches ondulées est sérieux, l'éleveur se soucie principalement d'obtenir un oiseau qui se rapproche le plus possible de la perruche ondulée d'exposition du point de vue de sa ligne, des motifs et de la couleur de son plumage. Sont particulièrement appréciés d'après les descriptions du standard : une tête grande, large et ronde, un masque prononcé bordé de six grosses perles, un bec puissant, court, bien intégré au visage, une silhouette et des ailes droites, qui ne doivent pas se croiser, ainsi que des pattes puissantes. On a désigné par des noms certains motifs caractéristiques du plumage.
On appelle opalines les perruches ondulées dont les ondulations du dos sont en V.
Les perruches standard sont celles dont les couleurs, le dessin du plumage, la forme du corps et le maintien correspondent à des représentations préétablies.
Les lutinos sont jaunes avec des yeux rouges ou noirs, et leur plumage est dépourvu de dessins.
Les albinos ont les mêmes caractéristiques que les lutinos, mais sont blanches. Elles descendent d'un mariage bleu/jaune ne possédant pas les facteurs de couleur.
Les perruches à passementerie, dont les ondulations sont formées par des bordures foncées sur des plumes blanches, sont également des formes d'élevage très appréciées.
On appelle ailes grises les oiseaux dont les ondulations sont uniquement gris clair.
Les perruches pie peuvent avoir plusieurs coloris, et le dessin de leur plumage est souvent pie, irrégulier.
On appelle fauves les perruches ondulées à motifs brun-roux et aux yeux rouges.

On trouve aujourd'hui des perruches ondulées dont les plumages présentent des couleurs et des motifs très variés.

Perruche ondulée à ailes grises, blanche et bleu pâle (à gauche), perruche ondulée vert clair (à droite).

Perruche pie australienne à poitrine gris-vert (à gauche), Perruche pie à poitrine vert foncé (à droite).

Sujet pie
récessif gris (à gauche),
blanc et mauve à face jaune (à droite).

Perruche pie australienne à poitrine gris-vert.

Perruche à ailes grises, blanc, bleu cobalt et violet.

Perruche pie récessif gris (à gauche), pie récessif vert foncé (à droite).

Opaline cobalt.

Perruche ondulée vert olive (à gauche), cannelle-bleu cobalt (à droite).

Albinos, blanc immaculé.

Cannelle-bleu cobalt
à face jaune.

Perruche ondulée fauve, jaune.

Perruche ondulée cannelle et gris-mauve.

Bien soigner les perruches

Les perruches ondulées qui sont en bonne santé et se sentent heureuses vous accueillent le matin en gazouillant joyeusement. Les oiseaux volent gaiement, déployant les couleurs de leur plumage flamboyant.

Deux perruches en bonne santé. L'homme ne peut pas remplacer le compagnon ailé d'un oiseau élevé seul.

Tout ce dont les perruches ont besoin

Avant d'acquérir des perruches ondulées, la cage idéalement équipée doit être installée chez vous dans un endroit adéquat (→ page 50). Ainsi, l'oiseau s'habituera promptement à son nouvel environnement et deviendra rapidement confiant.

La cage idéale

Pour la perruche ondulée, la cage est à la fois un refuge sûr, sa chambre à coucher et son séjour.

Les oiseaux disposant d'une grande cage sont généralement en meilleure santé. En effet, ils peuvent voler et passer en quelques coups d'ailes d'un perchoir à l'autre. En outre, il y a plus de place pour installer différents jeux dans une grande cage, ce qui évite aux perruches de s'ennuyer (→ page 48).

La cage idéale a 100 cm de long, 50 cm de large et 80 cm de haut. Les dimensions de cette cage sont suffisantes pour deux perruches ondulées. Il existe également des cages aux

Les perruches doivent impérativement voler librement plusieurs heures par jour dans la pièce.

Un événement particulier s'est produit. L'oiseau jaune babille bruyamment tandis que le bleu est sur le qui-vive.

dimensions très réduites : 50 cm de long, 30 cm de large et 45 cm de haut. Je ne peux conseiller de telles mini-cages que si la porte reste constamment ouverte, l'oiseau étant libre de décider s'il préfère être dedans ou dehors.

Dans tous les cas, les barreaux de la cage sur les deux grands côtés doivent être horizontaux et non verticaux, pour que les perruches puissent y grimper.

La distance entre les barreaux de la cage doit être d'environ 12 mm. Si l'écartement est plus important, les perruches peuvent se faufiler entre les barreaux. Les barreaux les plus faciles à nettoyer sont recouverts de résine époxy.

Veillez à ce que la porte de la cage soit suffisamment grande pour pouvoir sortir votre main quand l'oiseau est posé dessus.

La cage comprend également un fond en plastique ainsi qu'un plateau coulissant.

Dans la cage, on place en général quatre perchoirs en bois poli, dont un placé devant les deux mangeoires (→ perchoir en bois naturel, page 46). Parfois, une balançoire est suspendue dans la cage ou bien une petite échelle est placée entre le plateau coulissant et un perchoir.

Cage-volière pour communauté

Pour une communauté consti-

tuée d'oiseaux différents ou une petite troupe de perruches ondulées, il faut une volière. En animalerie, on trouve sous le nom de «cage-volière» des cages suffisamment spacieuses pour deux couples d'oiseaux, dans lesquelles ils peuvent se reproduire.

Les dimensions des cages-volières sont, le plus souvent, de 120 x 80 x 170 cm. Elles sont proposées avec un équipement très complet, et même avec un support.

Cependant, n'oubliez pas que ces volières ne sont généralement pas disponibles en stock en animalerie, en raison de leur encombrement. Vous pouvez toutefois choisir une volière de ce type dans les catalogues de fabricants et la commander.

Il existe également des volières d'intérieur que l'on peut acheter en pièces détachées et assembler soi-même. Elles présentent naturellement un grand avantage : leur assemblage est modulable et elles peuvent par exemple être montées dans le coin d'une pièce.

Une cage confortablement équipée

Le confort dépend non seulement des dimensions de la cage, mais également de son équipement adéquat.

Perchoirs : remplacez les perchoirs en bois poli originellement présents dans la cage, par des branches naturelles.

La surface inégale des branches naturelles et leur diamètre variable permet à l'oiseau de faire travailler ses doigts - une gymnastique salutaire. On peut utiliser du bois naturel coupé dans le jardin ou en lisière de forêt ou l'acheter en animalerie. Veillez cependant à ce que le diamètre du perchoir soit compris entre 13 mm et 22 mm. En effet, l'oiseau ne doit pas pouvoir l'encercler complètement avec ses doigts, afin que ceux-ci puissent remuer.

Un oiseau peut-il regarder la télévision ?

Une perruche ondulée doit s'habituer lentement à l'image et au son de la télévision, car elle a une ouïe très fine. Par exemple, si on tire des coups de feu durant un film policier, l'oiseau peut être effrayé. Donc, diminue le son du téléviseur et éloigne l'oiseau le plus possible.

Une cage bien équipée. Au sommet de la cage est installée une «aire de jeux», disponible en animalerie.

A gauche : l'oiseau se comporte avec cette perruche en plastique comme si elle était vivante.

Branches naturelles appropriées : chêne, aulne, sureau, châtaignier, tilleul, peuplier et saule. Après les avoir coupées, brossez les branches dans de l'eau chaude afin d'éliminer les substances toxiques éventuelles, puis laissez-les sécher.

Placez les nouveaux perchoirs aux mêmes endroits que les perchoirs en bois poli. Fixez-les en y pratiquant des entailles à l'aide d'un couteau (→ Dessin 3, page 71), on peut également les fixer avec du raphia teinté avec des couleurs naturelles.

Remarque : n'utilisez jamais des branches d'arbres fruitiers ayant subi une pulvérisation ou des branches provenant d'arbres et d'arbustes plantés le long d'artères à grande circulation.

Mangeoires et abreuvoirs : la plupart des cages que l'on trouve dans le commerce contiennent deux récipients, une mangeoire pour les graines et un abreuvoir. En pratique, il est conseillé d'installer une à deux mangeoires supplémentaires destinées à la nourriture fraîche (→ Alimentation, page 58).

En animalerie, on trouve de petites corbeilles en jonc non traité pour la nourriture fraîche. On peut aisément les suspendre à la cage (→ Photo, page 65).

Suspendez toutes les mangeoires au grillage de façon que les excréments ne puissent pas tomber dedans.

Mangeoire et abreuvoir automatiques : les abreuvoirs automatiques sont conseillés, car l'eau y reste propre. En revanche, le passage des graines peut être obstrué dans les mangeoires automatiques, les graines ne tombant plus dans la coupelle. Vérifiez l'arrivée de la nourriture plusieurs fois par jour.

Pierre pour affûter son bec : dès le début, la cage doit en être équipée. Elle doit être placée près d'un perchoir de façon à être aisément accessible à l'oiseau. Lors de l'achat, veillez à la mention : «calcaire, contient tous les éléments nécessaires au maintien du squelette et pour la formation des plumes». Un os de seiche peut remplacer la pierre calcaire. On trouvera la fixation appropriée en animalerie.

Sable : il a une fonction hygiénique du fait qu'il absorbe les liquides. En outre, il constitue un apport de substances minérales importantes et favorise la digestion. Le fond de la cage est rempli d'une couche de sable d'environ 2 cm de hauteur. De nombreux oiseaux ne se posent pas volontiers sur le fond de la cage et n'absorbent donc pas de sable. Présentez-leur du sable dans un récipient supplémentaire ou saupoudrez les aliments frais d'une pincée de sable.

Remarque : utilisez uniquement du sable pour oiseaux domestiques. Le sable de construction contient des substances toxiques pour la perruche.

Baignoire : les perruches ondulées aiment mouiller leur plumage. Les baignoires en plastique avec un fond rainuré sont bien adaptées. Un plateau en terre cuite à bords élevés normalement utilisé comme sous-pot offre encore plus de place pour s'ébattre. Je ne conseille pas les baignoires avec un miroir dans le fond car elles sont trop petites. L'oiseau doit au moins pouvoir enfoncer une aile dans l'eau (→ Plaisirs du bain, page 68).

Jouets : les branches fraîches en constituent le matériel de base. Elles permettent à l'oiseau d'utiliser ses griffes, ce qui l'occupe pendant des heures (→ page 47). Fixez les branches avec une pince ou avec du raphia à la cage ou à un perchoir (→ page 56), de façon que l'oiseau puisse

Un jouet que les perruches aiment utiliser pour grimper.

Une façon de garder l'eau propre.

Os de seiche avec fixation.

Distributeur de nourriture automatique.

CONSEIL

Il existe des tapis ou des bâtonnets recouverts de sable que l'on place sur les perchoirs et qui remplacent le sable du fond de la cage. Cependant, le sable est fixé à leur surface par de la colle. Lorsque l'oiseau grignote les grains de sable, il mange aussi la colle et peut ainsi s'empoisonner.

Si vous voulez que vos oiseaux se reproduisent, vous devez leur fournir un nichoir (→ page 82).

mordre la branche fortement sans que celle-ci se détache.

On peut également fabriquer de petites touffes de raphia que les perruches ondulées aiment triturer avec le bec. En animalerie, on peut se procurer de nombreux accessoires permettant d'occuper les perruches ondulées, comme des clochettes, des grelots, des miroirs, des balançoires etc. (→ page 111).

Remarque : de nombreuses perruches ondulées rongent également le papier, les posters, les livres ou les tapis. Si votre oiseau y prend goût quand vous le laissez voler librement dans l'appartement (→ page 103), donnez-lui par exemple un agenda qu'il pourra lacérer. Ainsi, il ne détériorera rien d'autre.

Les plantes d'appartement ne sont pas non plus à l'abri du bec de l'oiseau. Donc, veillez à ne pas introduire de plantes toxiques dans la pièce où vole l'oiseau. Au contraire, placez des plantes bon marché à croissance rapide (→ page 55).

Vivre avec des perruches ondulées

La perruche ondulée est un animal sociable. Elle s'adaptera au mieux si elle partage la vie familiale. Toutefois, il faut prendre un certain nombre de précautions.

Endroits appréciés par les perruches ondulées

La plupart des familles vivent le plus souvent dans le séjour, qui est également l'endroit idéal pour placer la cage. L'emplacement de la cage doit répondre aux conditions suivantes :

- Elle doit être placée suffisamment haut pour que l'oiseau soit au niveau de la tête d'un adulte. Une position élevée avec une bonne vue d'ensemble donne à la perruche un sentiment de sécurité. Elle a peur quand elle est placée plus bas, car ce qui se passe au-dessus de sa tête est ressenti comme une menace.
- Elle doit être placée sur un support stable, par exemple sur une étagère ou une planche solide fixée au mur.

Les perruches grignotent volontiers les plantes d'appartement et aiment s'y cacher.

En vol, les taches blanches sur les rémiges forment deux lignes brillantes.

■ Elle doit être placée dans un endroit éclairé, mais pas en plein soleil.

■ Evitez à tout prix les courants d'air, car le moindre souffle nuit à la santé de l'oiseau. Vous pouvez vérifier l'absence de courant d'air à l'aide de la flamme d'une bougie.

■ Il n'est pas recommandé de placer la cage directement sur l'appui de fenêtre, car il peut y faire très chaud en été et très froid en hiver.

Le mieux est de placer la cage dans un coin à proximité de la fenêtre. De là, la perruche peut voir d'autres oiseaux chanteurs et observer les allées et venues.

■ La pièce où se trouve l'oiseau doit toujours être bien aérée et avoir une température constante. L'oiseau ne supporte pas les chutes ou les élévations brutales de température.

La cuisine n'est pas un endroit qui convient à la perruche. Par exemple, l'oiseau ne supporte pas les vapeurs de cuisson. Les plaques chauffantes de la cuisinière ou les casseroles ouvertes sont très dangereuses pour la perruche qui vole librement dans la pièce. Il est également déconseillé de placer la cage dans une chambre d'enfant. En effet, l'oiseau y est presque toujours seul : les enfants doivent aller à l'école, faire leurs devoirs ou vont jouer dehors.

Rendre la pièce sûre pour l'oiseau

Les perruches ondulées sont de véritables acrobates ailés. Même dans les habitations, elles doivent pouvoir voler. Pour éviter les accidents, il faut prendre un certain nombre de

Reconnaître et éviter les dangers qui guettent la perruche

Endroits	Dangers pour l'oiseau	Comment les éviter
Salle de bains	S'envoler par la fenêtre ; se noyer dans la cuvette des W-C.	Fermez la fenêtre et rabattez le couvercle sur la cuvette des W-C. Fermez la porte de la salle de bains.
Etagères	L'oiseau glisse derrière les livres et ne peut se libérer seul.	Repoussez les livres contre le mur, placez à intervalles réguliers un ou deux livres horizontalement pour ménager une issue.
Attrape-mouches	L'oiseau y reste suspendu. Les plumes sont tellement collées qu'on doit les couper. Cette opération peut provoquer une crise cardiaque.	N'utilisez pas d'attrape-mouches.
Plancher	On peut ne pas remarquer l'oiseau et marcher dessus.	Dès que vous êtes sur le seuil, regardez où se trouve l'oiseau.
Récipient contenant de l'eau	L'oiseau peut tomber dedans et se noyer.	Recouvrez les récipients. Laissez l'oiseau dans la cage pendant que vous nettoyez.
Poisons	Empoisonnement par : alcool, mine de crayon, feutre et stylo à bille, colle et solvant, engrais pour plantes, détergents, épices fortes.	Ne laissez aucun de ces produits à la portée de l'oiseau.
Insecticides	Empoisonnement ; l'oiseau peut étouffer sous l'effet du spray.	N'utilisez pas de spray à proximité de l'oiseau.

La perruche peut grignoter ce cresson sans risque. Prudence, en revanche, avec les plantes d'appartement.

Avant de laisser voler chez vous, pour la première fois, votre perruche ondulée, certaines précautions s'imposent.

Endroits	Dangers pour l'oiseau	Comment les éviter
Bougie allumée	Si l'oiseau traverse la flamme, ses plumes peuvent prendre feu et il peut en mourir.	Evitez la présence de bougies allumées quand l'oiseau vole.
Cuisine	Brûlures mortelles si l'oiseau atterrit sur les plaques chaudes de la cuisinière. Il peut également glisser dans des récipients contenant des liquides chauds, ce qui est également mortel.	Placez une bouilloire remplie d'eau sur les plaques chaudes. Recouvrez tous les récipients remplis. Ne laissez jamais l'oiseau sans surveillance dans la cuisine.
Portes ouvertes	L'oiseau se perche volontiers au sommet des portes et peut se retrouver coincé quand on les referme.	Gardez toujours les portes fermées et soyez très prudent.
Corbeilles à papier ; récipients décoratifs	L'oiseau glisse à l'intérieur et ne peut pas en sortir seul étant donné que l'espace est trop étroit. Il peut y mourir de faim. L'angoisse peut provoquer une crise cardiaque.	Utilisez des corbeilles en osier. Placez un revêtement en tissu dans les corbeilles en plastique afin que l'oiseau puisse en ressortir en grimpant. Remplissez de sable les objets décoratifs.
Rayonnement intense du soleil ; voiture surchauffée	L'oiseau peut avoir une crise cardiaque à cause de la chaleur.	Evitez toujours de laisser l'oiseau en plein soleil. Garez l'auto à l'ombre.
Armoires, tiroirs	L'oiseau cherche un endroit où nicher et s'introduit par les fentes les plus petites ; il peut se retrouver enfermé sans qu'on le remarque. Il peut mourir de faim ou étouffer.	Ne laissez jamais les portes des armoires et les tiroirs ouverts, pas même entrebâillés.
Objets pointus	L'oiseau peut se blesser et perdre beaucoup de sang sur des extrémités de fil de fer, des aiguilles, des épingles, des éclats ou objets similaires.	Ne laissez aucun objet pointu à portée de l'oiseau.

précautions (→ Tableau, pages 52/53).

Le plus grand risque : s'envoler

Près de six perruches gardées en captivité sur dix s'envolent et se perdent. Elles ne connaissent pas les alentours et elles sont incapables de s'orienter à partir de points de repère du paysage.

Si elles ne retrouvent pas par hasard asile auprès des hommes, elles sont condamnées. Elles ne supportent pas notre climat, trouvent difficilement une nourriture adaptée et sont une proie facile pour les rapaces, les chats et les chiens. Pour ces oiseaux curieux, il est tentant de s'échapper par les portes et les fenêtres ouvertes pour explorer le territoire un

Perchoir suspendu apprécié des oiseaux. Indications pour le montage page 56.

Peux-tu laisser la cage de l'oiseau dans ta chambre ?

En principe oui, bien que l'oiseau fasse du bruit dès qu'il fait jour. Il sautera dans la cage et il gazouillera. Ce bruit va te réveiller. Pense aussi que la perruche risque de se sentir bien seule dans ta chambre. Le matin tu vas à l'école, l'après-midi tu vas peut-être rendre visite à tes amis. Donc, l'oiseau reste seul. Il préfère les endroits où il y a de l'animation.

peu plus loin. Ils sont capables de contourner le store placé devant une fenêtre en grimpant jusqu'en haut et en se faufilant derrière les fixations. Bientôt vous les retrouverez sur le rebord de la fenêtre. Ils peuvent également se faufiler entre le fond et le grillage au moment où vous nettoyez le tiroir à sable.

Le moyen le plus sûr : grillagez au moins une fenêtre dans la pièce où se trouve l'oiseau.

A cet effet, utilisez un grillage à mailles de 1 cm x 1 cm, tendu sur un cadre en bois léger et fixez-le avec des vis dans l'encadrement de la fenêtre. De cette manière vous pourrez aérer la pièce sans danger, et les perruches pourront également rester en liberté sans surveillance.

Attention aux plantes d'appartement

Les plantes d'appartement à la portée des perruches ne durent pas longtemps. Les oiseaux coupent volontiers les fleurs et les feuilles pour s'occuper. En outre, certaines des plantes d'appartement favorites sont toxiques pour l'oiseau.

Plantes empoisonnées : *Primula obconica*, *Strychnos nux-vomica*, *Catharanthus*, Epine du Christ (*Euphorbia milii*), toutes les espèces de *Dieffenbachia*, if, jacinthes, pervenches, pervenches de Madagascar, palmier de Madagascar (*Chrysalidocarpus lutescens*), toutes les espèces de Solanacées, narcisse, laurier rose (*Nerium oleander*), les fruits de l'Ardisia, l'étoile de Noël (*Euphorbia pulcherrima*), *Codiaeum variegatum*, et les fruits d'*Asparagus densiflorus*.

Les plantes suivantes ne sont pas toxiques, mais contiennent des substances irritantes pour les muqueuses et peuvent être dangereuses pour les perruches : lierre, *Monstera*, *Anthurium scherzerianum*, *Alamanda cathartica*, *Aglaonema*, *Philodendron* et *Schefflera*.

Attention aux cactées et aux autres plantes épineuses. L'oiseau peut s'y blesser les yeux.

Plantes non toxiques: *Pelargonium*, *Impatiens*, *Inula*, vigne vierge (*Ampelopsis*), *Chlorophytum*,

Hibiscus, Sparmania, Cissus antartica.

L'arbre à oiseaux

Il est utile de disposer d'un perchoir dans la pièce où vit l'oiseau. Ce dernier peut en grignoter les branches, épargnant ainsi le mobilier et ne souillant pas la pièce. Avec un peu d'habileté manuelle, il n'est pas difficile de fabriquer un arbre à oiseaux.

Eléments nécessaires :

Un tronc ou une grosse branche (Ø 8 à 10 cm) avec quelques ramifications, aussi hauts que possible. Plusieurs grosses branches (Ø 13 à 20 mm) pour former d'autres perchoirs horizontaux.

Utilisez les mêmes types de bois que ceux décrits page 47. Avant d'utiliser les branches, brossez-les et séchez-les.

Un pot carré ou rond, d'un matériau résistant, de 70 cm de diamètre. Un support pour arbre de Noël, 15 à 20 cailloux de la taille d'une pomme, de la terre de jardin ou pour plantes à fleurs, environ 5 kg de sable, 1 à 2 rouleaux de fil pour plantes, du raphia.

Comment procéder :

Vissez le tronc dans le support d'arbre de Noël et placez-le au centre du pot. Alourdissez le support avec autant de pierres que nécessaire pour éviter qu'il ne bascule (→ Dessin 1). Remplissez les espaces entre les pierres et recouvrez celles-ci de terre puis tassez bien. Placez du sable sur la terre. Recoupez les ramifications de sorte qu'aucune ne dépasse le bord du pot et fixez-les solidement avec du fil au tronc ou aux ramifications déjà existantes (→ Dessins 2 et 3). Entourez le fil de raphia pour que les oiseaux ne se blessent pas.

Rendez attirant l'arbre à oiseaux en y installant des jouets (→ Dessin 4).

Placez le perchoir aussi loin que possible de la cage afin que l'oiseau ait à voler pour l'atteindre.

Perchoir suspendu

On le fixe au plafond de la pièce et il répond bien aux besoins de la perruche qui aime se percher le plus haut possible.

Eléments nécessaires :

Deux branches naturelles, dont l'une d'un diamètre d'environ 40 mm, l'autre de 13 à 20 mm d'épaisseur, une plaque de bois naturel (1,5 cm d'épaisseur, 60 cm de long, 40 cm de large), quatre lattes de bois (5 cm de large, 0,5 cm d'épaisseur), 8 petites vis à bois, 10 à 12 rondelles, 10 à 12 anneaux à cla-

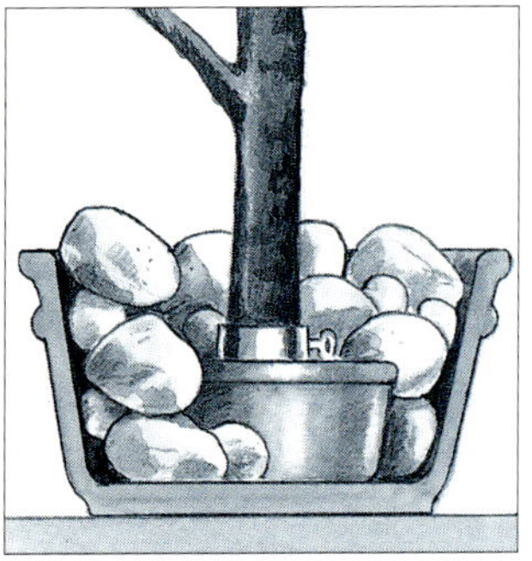

1. Stabilisez la branche avec des pierres.

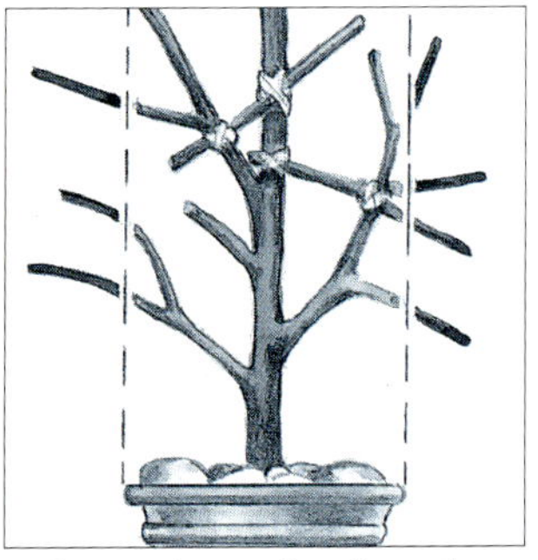

2. Coupez les petites branches qui dépassent.

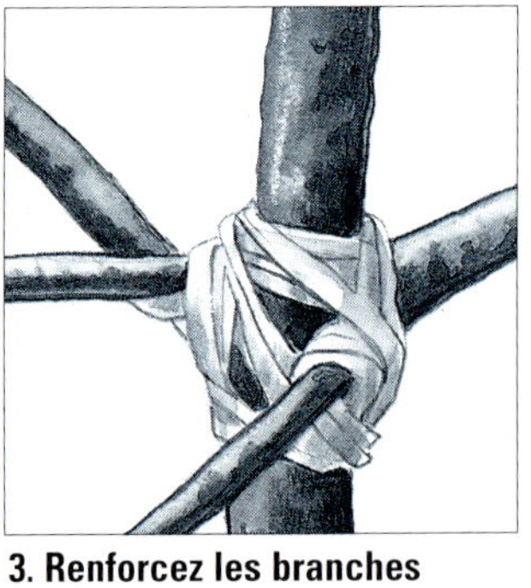

3. Renforcez les branches transversales.

4. Rendez l'arbre à oiseaux attractif avec des jouets.

vette, une chaîne en métal léger d'environ 1,5 m de long. Pour la fixation au plafond : un grand anneau, 1 cheville appropriée, 1 mousqueton.

Comment procéder :

Vissez les lattes de façon à former un cadre que vous fermerez à l'aide de la plaque de bois collée ou vissée par en dessous. Le réceptacle ainsi formé permet de récolter les saletés. Raccourcissez les branches servant de perchoirs de façon qu'elles ne dépassent pas le réceptacle. Coupez la chaîne en 6 segments d'environ 20 cm de long. Attachez un anneau à clavette à chaque extrémité de la chaîne et placez un piton dans chaque anneau. Fixez les pitons aux extrémités du réceptacle et aux branches-perchoirs de façon que le réceptacle soit suspendu horizontalement. Au sommet de la plus grosse branche, fixez un segment de chaîne en veillant à ce que le réceptacle reste bien horizontal. Coupez des segments de chaîne d'une longueur telle qu'on puisse aisément atteindre le perchoir pour le nettoyer. Fixez le perchoir au plafond à l'aide d'une cheville, d'un anneau et d'un mousqueton. Le meilleur endroit pour installer le perchoir : près d'une fenêtre.

Une alimentation variée

A l'heure actuelle, on connaît assez bien la façon dont se nourrit la perruche ondulée en liberté. Les fabricants d'aliments pour oiseaux domestiques préparent donc les nourritures de base des perruches, c'est-à-dire des graines de différentes espèces végétales, en fonction de ce que l'on sait des espèces sauvages.

L'alimentation de base

Les mélanges de graines proposés par les différents fabricants varient légèrement. Cependant, la plupart sont constitués d'environ 30 % d'alpiste (différents types), 25 % de millet blanc, 20 % de millet plata ou du Sénégal, 15 % de gruau d'avoine et millet roux, 5 % de niger et 5 % de lin. Le mélange de graines est encore mieux adapté s'il contient en outre des graines de chardon, de *Perilla*, ainsi que du millet du Japon *(Echinocloa frumentacea)*. De nombreux fabricants mélangent des graines iodées à la nourriture de base, afin de prévenir les maladies de la glande thyroïde.

Important lors de l'achat d'aliments : vérifiez la qualité !

Date d'emballage : vérifiez la date d'emballage quand vous achetez les aliments de base. Elle doit être indiquée sur la boîte. Refusez tout emballage sur lequel elle n'est pas mentionnée.

Aspect de l'emballage : il doit être propre et sec, ne doit pas être ouvert ou déchiré.

Qualité de l'aliment : un emballage impeccable et une date d'emballage récente ne garantissent malheureusement pas la qualité de l'aliment contenu. En effet, il est impossible de connaître l'année de récolte des graines. Plus longtemps les graines ont été conservées, moindre est leur valeur nutritive. En outre, elles peuvent être pourries, couvertes de moisissures ou infestées de vermine. Il convient donc de vérifier systématiquement que le mélange ne présente pas les signes de détérioration suivants :

- Pourriture : les graines pourries ont une odeur forte et désagréable, tandis que les graines saines sont inodores.
- Moisissures : elles se signalent par une couche blanc-vert. Même une contamination légère par des moisissures peut provoquer des maladies mortelles. Aussi, versez petit à petit les graines dans le creux de la

Les graines constituent le «pain quotidien» de la perruche ondulée. Veillez à la qualité du mélange de graines.

main et examinez les échantillons à la loupe.

■ Vermine : les graines sont partiellement agglomérées. L'aliment présente un feutrage de fils ressemblant à ceux d'une toile d'araignée.

Essai de germination sur un échantillon : pour vérifier la valeur nutritive des graines achetées, effectuez un test de germination. S'il s'avère que 50 % seulement des graines sont capables de germer, jetez le paquet et achetez-en un nouveau pour nourrir votre oiseau. (→ Test de germination, page 63).

Quantité de nourriture à distribuer

■ Le matin, 2 à 3 cuillères à café de graines par oiseau, dans la mangeoire.

■ Vers midi, éliminez les téguments (enveloppes des graines) dans les mangeoires pour que l'oiseau puisse atteindre les graines pleines cachées en dessous.

■ Au plus tard dans l'après-midi, vérifiez qu'il reste suffisamment de graines dans la mangeoire. Le cas échéant, complétez par 1 à 2 cuillères à café de graines, afin que les oiseaux puissent se nourrir tard le soir ou tôt le matin.

Il n'est pas vrai qu'une alimen-

Comment bien composer le menu de l'oiseau ?

Si tu veux apporter une nourriture saine à ta perruche ondulée, respecte ce menu :

- mélange de graines habituel (2 à 3 cuillères à café par oiseau le matin, 1 à 2 cuillères à midi)
- épis de millet (en donner à volonté aux jeunes oiseaux, et donner un morceau de 6 cm de long aux adultes)
- eau fraîche
- fruits : donner un quartier de pomme et une tranche épaisse de banane avec l'épluchure pour chaque oiseau
- légumes : une tranche de concombre et une tranche de carotte
- condiments : un bouquet de persil

Tu peux alterner tous les jours fruits, légumes et condiments (→ Aliments frais, page 61).

Les carottes constituent un aliment sain et l'oiseau s'occupe en les rongeant.

Voyez si l'oiseau apprécie les pommes de terre cuites mais, attention, elles doivent être refroidies.

tation de base trop riche provoque l'obésité des perruches ondulées. La perruche a un métabolisme très actif et doit se nourrir plusieurs fois par jour pour maintenir constante sa température corporelle de 42,1°C.
En revanche, il est vrai que de nombreux oiseaux ont tendance à prendre du poids. Cela est dû principalement à un manque d'exercice et aux produits riches en calories tels que les petits cœurs et baguettes, sur lesquels les graines sont engluées dans du miel ou une solution sucrée. Il ne faut jamais faire jeûner un oiseau trop gros. Faites-lui faire plus d'exercice, par exemple en le laissant plus souvent voler dans la pièce et supprimez les aliments riches en calories.

L'eau, aussi importante que les graines

La perruche doit toujours disposer d'eau potable. Ce liquide est nécessaire pour que les graines s'amollissent dans son estomac. Une eau de distribution fraîche, pas trop froide, convient, mais une boisson pour oiseau que vous trouverez en animalerie est préférable. En raison de sa richesse en substances nutritives, l'eau minérale sans gaz carbonique est la mieux adaptée.
Si l'eau de boisson n'est pas contenue dans un distributeur, mais se trouve dans un abreuvoir, vous devez vérifier plusieurs fois par jour si l'eau n'est pas souillée par des excréments, des plumes ou des téguments de graines. Au besoin, renouvelez-la.

Aliments frais - variation du menu

Les aliments frais tels que des

fruits, des légumes et des plantes constituent un apport en vitamines et substances minérales. Ils complètent l'alimentation de base, maintiennent votre oiseau en forme et rendent son plumage brillant. Votre perruche ondulée doit donc trouver de la verdure fraîche dans sa cage, dès son installation chez vous, afin qu'elle s'habitue immédiatement aux aliments frais. Vous trouverez ci-après un résumé des aliments convenant à votre oiseau.

Légumes crus :
Aubergines, un peu de fenouil, un peu de concombre, carottes, parties charnues des poivrons, courgettes (en grosses tranches ou en morceaux coincés entre les barreaux de la cage), endives (une feuille découpée en larges lanières), pois verts, petits morceaux de cosse de pois, épis de maïs frais, morceaux de tomate (mélangez le tout dans une écuelle ou dans une petite corbeille, → page 47). Jeunes feuilles de pissenlit, bette, épinards, persil, basilic, cerfeuil, mélisse, menthe, oseille, mouron des oiseaux, feuilles de salade non traitée (fixées à l'aide d'une pince à la cage).

Fruits frais :
Ananas, pomme, figue, kiwi, melon, orange, pêche (en tranches ou accrochée aux barreaux de la cage).
Morceaux d'abricot, demi-quartier de mandarine, banane

Vous pouvez acheter ce type de petit pot avec des herbes en animalerie.

L'oiseau ne peut pas manger des cerises ou des grains de raisin entiers. Vous devez les couper en deux.

Cure vitaminée pour les perruches ondulées

Les graines germées sont très saines pour la perruche ondulée. En outre, on peut vérifier la valeur nutritive du mélange de graines acheté en testant leur capacité de germination (→ page 58).

Comment procéder :

1 Placez 1/2 cuillère à 1 cuillère à café de mélange de graines dans une soucoupe en verre. Recouvrez les graines de 2 cm d'eau. Recouvrez la soucoupe et laissez les graines s'amollir pendant 24 h.

2 Rincez les graines dans de l'eau tiède, séchez-les, replacez-les dans la soucoupe que vous aurez lavée et recouvrez-la partiellement. Laissez les graines germer 48 h supplémentaires. Pour germer, les graines ont besoin de lumière et doivent être placées à température ambiante.

3 Dès que les germes sortis des graines ont 1 cm de haut, lavez-les à nouveau à l'eau chaude, séchez-les et donnez-les aux oiseaux. Si les graines ne sont pas mangées au bout de 2 à 3 heures, retirer-les car ces graines germées peuvent rapidement moisir.

4 S'il s'avère que seulement 50% des graines germent, vous devrez acheter un nouveau paquet de mélange pour votre oiseau.

A quelle fréquence donner des graines germées ?

- Les oiseaux qui se reproduisent doivent recevoir des graines germées tous les jours pendant l'incubation et pendant le nourrissage des poussins. Il en va de même pour les oiseaux en train de muer.
- En-dehors de la nidification et de la mue : donnez des graines germées pendant 20 jours, environ toutes les quatre semaines.

avec la peau en petites tranches, cerises, fraises, mûres, framboises, grains de raisin coupés en deux (mélangez le tout dans une écuelle ou une corbeille).

La perruche n'appréciera les cerises, les fraises mûres ou les raisins entiers que si vous les lui présentez. Il faut du temps, mais vous serez heureux de voir combien elle apprécie ces friandises.

Indigestes: tous les choux, pommes de terre crues ou vertes, haricots verts, feuilles de salade traitées avec des pesticides, pamplemousse, rhubarbe, prunes, citron, avocat.

Préparation des légumes et des fruits

Tous les fruits ainsi que les légumes doivent être frais et à température ambiante. Ils doivent être bien lavés et séchés. Eliminez les parties pourries. Jetez impérativement les fruits moisis, car les moisissures s'introduisent à l'intérieur, même si vous ne les voyez pas.

Comment amener les perruches à manger des aliments frais

De nombreuses perruches ondulées refusent toute nourriture fraîche. N'y prêtez pas attention, continuez à leur en proposer tous les jours. Mangez devant leurs yeux quelques petits morceaux de leur ration, il est possible que cela excite leur curiosité. Vous pouvez aussi faire venir une perruche qui aime les fruits frais. La vôtre verra ainsi comment la perruche invitée mange les fruits. En général, ce comportement est rapidement imité.

Friandises tirées de vos aliments habituels

La perruche peut grignoter un petit morceau de pain, des biscuits secs ou des pâtisseries, des nouilles cuites refroidies ou une pomme de terre cuite refroidie. Si vous avez un œuf cuit dur, mélangez un peu de jaune émietté avec une demi-cuillère à café de fromage blanc maigre. Offrez à l'oiseau cette nourriture riche en protéines une fois par semaine.

Sont strictement interdits tous les aliments contenant du sucre ou des graisses, ceux qui sont fortement épicés ou salés, la graisse pure, le chocolat ou toutes les boissons qui contiennent des traces d'alcool. De même, ne laissez pas votre perruche manger des friandises sur la table. C'est un endroit trop dangereux, en raison de la

Le millet, la friandise par excellence de toutes les perruches ondulées. Mais attention, un excès de millet fait grossir (→ page 65).

La plupart des perruches ondulées deviennent trop grosses parce qu'elles manquent d'exercice.

présence de plats chauds. Enfermez l'oiseau dans sa cage pendant votre repas. C'est également là que vous le nourrirez.

Friandises que vous pouvez acheter

En animalerie, on trouve de nombreuses friandises permettant de varier le menu de la perruche ondulée.

Millet d'Italie : c'est la nourriture préférée de la perruche ondulée et ces graines constituent un complément sain de la ration quotidienne. Etant donné qu'il s'agit d'un aliment riche, ne donnez à un oiseau adulte en bonne santé qu'une grappe dont la longueur ne dépasse pas 6 cm afin que l'oiseau ne se nourrisse pas exclusivement de millet. En revanche, vous pouvez en donner plus aux couples qui couvent, aux jeunes oiseaux, aux malades ou aux oiseaux en mauvaise santé.

Préparation de vitamines : l'apport de vitamines est très important dans l'alimentation de l'oiseau. Il est donc recommandé d'utiliser une préparation de vitamines comme complément de nourriture. Vous l'ajouterez soit à l'eau de boisson, soit aux aliments frais. Vérifiez la date de péremption !

Graines supplémentaires : en animalerie, elles vous sont proposées sous le nom d'aide à la mue» ou «aide à l'expression vocale». Certes, elles contiennent des vitamines et d'autres substances nutritives, mais il n'est pas démontré qu'elles facilitent la mue de l'oiseau ou favorisent son expression vocale.

Bâtonnets à grignoter, petits cœurs et anneaux : les perruches ondulées grignotent volontiers les graines qui y sont collées. Cependant, la «colle» est constituée de miel ou de solutions sucrées qui peuvent faire grossir l'oiseau. Offrez-lui plutôt des branches fraîches plus saines à grignoter (→ page 48).

CONSEIL

En animalerie, on trouve de petits pots dans lesquels poussent des herbes (→ Photo, page 62). On peut les suspendre dans la cage. Ainsi, votre perruche disposera à tout moment de verdure fraîche à grignoter. Le contenu de ces petits pots peut être remplacé.

Toilette minutieuse

La perruche ondulée passe de nombreuses heures de la journée à soigner son corps. Cependant, c'est à vous de maintenir propres la cage, le perchoir et tous les objets utilisés par l'oiseau.
L'hygiène constitue la meilleure prévention contre les maladies de votre oiseau et une garantie pour votre propre sécurité.

Toilette de la perruche ondulée

La perruche soigne ses plumes plusieurs fois par jour et pendant très longtemps.
Elle lisse avec le bec chaque petite plume, ainsi que les longues rectrices et les rémiges, les fait briller, enlève la poussière et les enduit de graisse. L'oiseau prélève une sécrétion graisseuse avec le bec au niveau de la glande uropygienne et l'étend sur son plumage.
Pour les plumes de la tête, l'oiseau se frotte directement contre la glande uropygienne. En soignant son plumage, l'oiseau élimine également toutes les particules de saleté sur sa peau.
Il s'occupe également avec beaucoup de soin de ses pattes et des doigts. L'oiseau nettoie son bec chaque fois qu'il s'est nourri, en le frottant des deux côtés contre un rameau.
Il fait preuve d'une étonnante agilité pour se nettoyer. Sa tête peut se tourner de 180° et atteint sans problème les régions situées sous le ventre et le cloaque - c'est ainsi qu'on appelle l'orifice ano-uro-génital de l'oiseau - en se penchant en avant et en arrière. Si la perruche doit se gratter la tête, elle étend une patte en la passant sous l'aile jusqu'à la tête.

Soins réciproques du plumage

Si les perruches sont en couple, on observe que les oiseaux se grattent et se donnent réciproquement de petits coups de bec sur les plumes de la tête. Ce comportement inné resserre en premier lieu les liens du couple. Par ailleurs, il contribue aussi

Un plaisir manifeste pour un grand nombre de perruches : le bain dans une soucoupe.

L'oiseau nettoie et entretient son bec en le frottant sur une branche.

aux soins du plumage : le plumage de la tête est rendu plus brillant et les particules de saleté en sont éliminées. Un oiseau isolé peut difficilement y parvenir avec la seule aide de ses pattes.

Lorsqu'elle lui gratte la tête, la perruche est perchée plus haut que son partenaire et passe son bec sur les plumes de sa tête et de son cou. Avec les plumes légèrement relevées, le partenaire qui se laisse soigner présente volontiers chaque partie de la tête, aux endroits où il a envie d'être gratté. Il peut cependant arriver que l'oiseau qui se laisse soigner se retire brusquement, en poussant parfois un petit cri.

Le partenaire a vraisemblablement tiré avec maladresse sur une plume qui tient encore à la

Le nettoyage complet du plumage prend plusieurs heures par jour.

peau, ce qui est douloureux. Après une courte interruption, les soins du plumage reprennent avec la même intensité.

Lorsque l'oiseau est seul en captivité, ce type de soins lui manque. Aussi, il présentera la tête avec les plumes légèrement relevées à un partenaire humain pour lui faire comprendre qu'il a envie d'être gratté. Frottez-le avec le petit doigt ou avec le bout du nez sur le sommet de la tête ou dans le cou aussi longtemps que l'oiseau reste calme.

Ne vous étonnez pas si votre perruche cherche à donner des petits coups de bec sur l'arête de votre nez ou sur vos arcades sourcilières. Il veut vous retourner la politesse.

Plaisirs du bain

Lorsque vous voyez que votre perruche cherche à plonger son ventre dans l'abreuvoir ou qu'elle trottine autour d'un verre d'eau, les plumes légèrement ébouriffées, c'est qu'elle a envie de se baigner. Vous pouvez satisfaire ce souhait de plusieurs manières :

- Achetez-lui une baignoire en

CONSEIL

L'oiseau produit des excréments toutes les 15 minutes environ, même quand il n'est pas dans sa cage. Les excréments tombent parfois sur les fauteuils ou la moquette. Ils sont inodores, mais ils contiennent des substances acides. Essuyez-les donc immédiatement avec un papier. S'ils sont trop mous, laissez-les sécher et éliminez-les ensuite à l'aide d'une brosse et d'un aspirateur.

animalerie, que vous suspendrez dans l'ouverture de la cage (→ Dessin 1, page 70). Remplissez-la avec quelque 3 cm d'eau tiède. Il est possible que, la première fois, elle n'ose pas prendre un bain complet. Lorsqu'elle sera habituée à sa baignoire, elle humectera les plumes de son ventre, puis une aile et ensuite l'autre et enfin se trempera la tête dans l'eau.

Une grande soucoupe en terre cuite fait également une baignoire parfaite (diamètre : environ 26 cm). Toutefois, placez-la à l'extérieur de la cage, par exemple sur une table. Votre perruche la découvrira lors de son vol dans la pièce.

■ Si votre oiseau refuse la baignoire ou la soucoupe, peut-être préfère-t-il la douche. Utilisez à cet effet un vaporisateur pour plantes rempli d'eau tiède, puis vaporisez la perruche en vous plaçant à une distance de 30 cm. Si cela lui plaît, l'oiseau se tournera de façon à recevoir la pluie de gouttelettes. Cependant, si votre oiseau a peur et cherche à fuir, arrêtez et attendez qu'il soit à nouveau tenté par le bain.

En général, l'oiseau découvre la douche par hasard, sous un robinet ouvert. Un oiseau qui a totalement confiance en son maître accompagnera volontiers celui-ci dans la cuisine ou la salle de bains. S'il y voit l'eau couler du robinet, il cherchera à humecter ses plumes. Posé sur la main ou couché dans la paume, il boira un peu d'eau et se laissera ensuite asperger.

■ Il existe également des perruches qui ont peur quand il y a trop d'eau. Elles refusent alors le bain ou la douche, humidifient au mieux leurs plumes au contact de plantes humides. Si votre perruche appartient à cette catégorie d'oiseaux qui craignent l'eau, présentez-lui régulièrement une écuelle avec des feuilles humides. Les feuilles qui conviennent sont celles du pissenlit, du mouron des oiseaux, des plantes condimentaires, de la mâche, des épinards et des bettes.

Soignez l'oiseau sans problème

D'une manière générale, l'entretien de la perruche ondulée demande peu de travail.

Il faut relativement peu de temps pour respecter ces règles d'hygiène.

Si l'oiseau a perdu une grande plume comme celle-ci, elle ne repousse qu'au bout de quelques semaines.

Remarque : pour nettoyer la cage ou les objets, n'utilisez pas de détergents. Ils sont toxiques pour l'oiseau. L'eau à 60°C a un pouvoir nettoyant suffisant.

Entretien quotidien :

■ Le matin, retirez de la cage les mangeoires, le distributeur d'eau et, éventuellement, le distributeur de nourriture et nettoyez-les à l'eau chaude, séchez-les et remplissez-les à nouveau. Eliminez les téguments de graines, celles qui restent pouvant être à nouveau utilisées.

■ L'après-midi, retirez les téguments des graines avec une cuillère (→ Dessin 2). Agitez bien les graines dans le distributeur de nourriture et remettez des graines, afin que les oiseaux aient suffisamment de nourriture le matin.

■ Frottez les perchoirs avec une brosse pour éliminer les excréments et les saletés et séchez-les avec un papier.

■ Eliminez toutes les saletés du sable dans le plateau coulissant et dans le bac du perchoir qui se trouve à l'extérieur. Remettez du sable frais à l'aide d'une cuillère.

Attention, l'oiseau peut s'échapper par la fente du plateau coulissant. Pour éviter cet incident, placez un livre ou un torchon humide devant la fente.

Entretien hebdomadaire :

■ Videz le plateau coulissant ; lavez le fond de cage et le plateau à l'eau chaude et séchez-les. Mettez du sable frais dans le plateau coulissant.

■ Retirez tous les jouets de la perruche, lavez-les à l'eau chaude, séchez-les et remettez-les à leur place habituelle.

■ Lavez les perchoirs à l'eau chaude, en frottant avec une brosse, puis séchez-les.

■ Jetez les restes de nourriture ; lavez à l'eau chaude les man-

1. Ce type de baignoire peut être suspendu dans l'ouverture de la porte. Le fond doit comporter une surface rugueuse pour que l'oiseau ne glisse pas quand il s'y baigne.

2. Si la perruche a décortiqué la première couche de graines, elle n'est pas capable d'atteindre les graines qui se trouvent en dessous. Vous devez donc retirer les téguments à l'aide d'une cuillère.

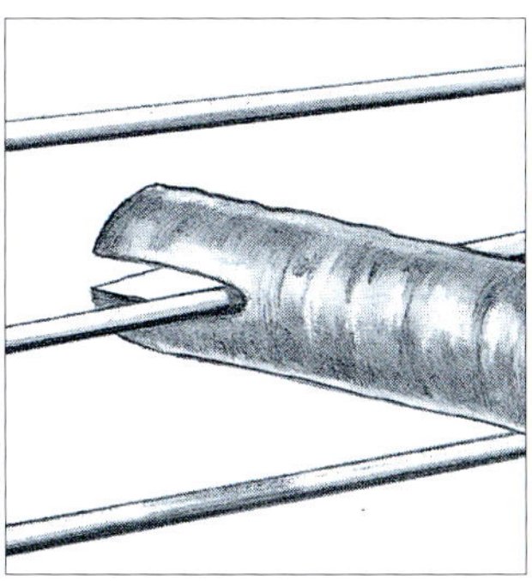

3. Remplacez les perchoirs en bois poli par des bois naturels. A cet effet, raccourcir les branches naturelles à la bonne longueur et pratiquer une entaille aux extrémités puis les insérer dans les barreaux de la cage.

Le temps à consacrer aux soins de l'oiseau n'est pas trop important. Il faut compter en moyenne 45 minutes par jour.

geoires et le distributeur d'eau ou de nourriture, séchez-les et remplissez-les d'eau ou de nourriture fraîche.

Entretien mensuel :

■ Répétez les opérations hebdomadaires sur les mangeoires, le distributeur et les jouets.

■ Lavez à l'eau chaude et frottez avec une brosse le plateau coulissant, le fond de cage, ainsi que la partie supérieure de la cage, dans votre baignoire. Ensuite, séchez les différentes parties.

■ Frottez les perchoirs avec une brosse, lavez-les à l'eau chaude et séchez-les. Essuyez les branches de l'arbre à oiseaux. Remplacez les branches rongées dans la cage par des nouvelles (→ Dessin 3).

■ Ré-assemblez la cage, mettez du sable frais et replacez tous les objets à l'intérieur, remplissez d'eau fraîche et de nourriture fraîche. Renouvelez en grande partie le sable dans le pot de l'arbre à oiseaux.

Quand l'oiseau est malade

Les conditions idéales pour que la perruche ondulée reste en bonne santé sont une pièce claire, bien aérée, sans changement de température, une alimentation riche et variée, et la possibilité de voler, grimper, grignoter et jouer souvent. Les maladies les plus fréquentes des perruches apparaissent généralement parce qu'elles sont mal soignées.

Les premiers symptômes

La perruche malade reste le plus souvent perchée, le plumage ébouriffé, la queue retombant légèrement, presque à l'horizontale, sur son perchoir favori ou à l'endroit où elle dort. Souvent, elle enfouit son bec dans les plumes du dos, les yeux mi-clos, se reposant sur ses deux pattes, et non sur une seule, ce qui est sa position de sommeil normal, quand elle est en bonne santé. Elle évite tout contact et se nourrit à peine.

Mesures d'urgence :

- Placez l'oiseau dans une cage individuelle, veillez à ce qu'il soit au chaud et au calme et observez-le attentivement.
- Les crampes et les signes de paralysie se manifestent par une patte tendue en arrière ou par une aile retombante, sans force. Lorsque vous ne remarquez pas de tels signes, vous pouvez traiter l'oiseau à l'aide d'une lampe infrarouge. Le rayonnement infrarouge pénètre à travers la peau, stimule la circulation sanguine et le métabolisme, activant ainsi la décomposition des substances toxiques dans le corps et favorisant les défenses immunitaires.

Traitement adéquat aux infrarouges

- Posez la lampe infrarouge (150 à 250 W) à environ 40 cm de la cage, de telle manière qu'elle n'éclaire qu'une moitié de la cage. Ainsi, l'oiseau peut échapper aux rayonnements s'il a trop chaud ou s'il est incommodé.
- Vérifiez la température. Elle ne doit jamais dépasser 35°C à proximité de la cage ; au besoin, ajustez la température en éloignant la lampe infrarouge.
- Placez à proximité de la cage un récipient d'eau fumante, afin d'humidifier suffisamment l'air.
- Pendant le traitement, proposez à l'oiseau du thé noir légèrement infusé comme boisson, à l'intérieur de la cage.
- L'exposition aux infrarouges peut durer plusieurs heures.

Pour que les oiseaux restent en bonne santé, ils doivent faire beaucoup de mouvements, par exemple voler et grimper.

Cependant, dès qu'elle est terminée, éloignez peu à peu la lampe de la cage, de façon que la température diminue progressivement en deux heures.

Remarque : si, après traitement infrarouge, l'état de l'oiseau ne s'améliore pas au cours des quelques heures qui suivent, consultez un vétérinaire.

La pharmacie de la perruche ondulée

Pour les premiers soins et pour traiter les petits problèmes de votre perruche, il est utile de disposer de quelques préparations dans votre pharmacie.

En animalerie, vous trouverez un médicament favorisant la mue, consistant en un mélange de graines enrichies en vitamines, qui revigore l'oiseau et favorise la croissance des plumes (→ Mue, page 113).

En pharmacie, vous pouvez acheter quelques produits pouvant servir aux premiers soins ou au traitement de troubles bénins :

■ Huile de paraffine avec laquelle on traite les parties atteintes de la gale des perruches, à l'aide d'un bâtonnet recouvert de coton (→ Dessin 4, page 79).

Attention : évitez soigneusement de toucher les yeux et l'orifice des narines.

■ La Nésivine est utilisée pour combattre les rhumes, elle est administrée sous forme de gouttes nasales (→ Dessin 2, page 79).

■ Préparations vitaminées : Vitacombex, Emulvit ou Multi-Bio-Weyx-In. Utilisez les préparations selon les recommandations indiquées sur l'emballage, toutefois à doses plus faibles.

■ Pour les refroidissements accompagnés de difficultés respiratoires, utilisez le baume Transpulmin, le Vicks Vaporub ou le «baume du tigre». Introduisez quelques gouttes de ces produits dans l'eau chaude fumante que vous placez près de la cage pendant le traitement infrarouge.

■ Du collyre pour le traitement des croûtes se formant sur les paupières et pour nettoyer les plaies et le cloaque.

Attention : les collyres doivent être garantis exempts de cortisone et d'antibiotiques. Ne pas utiliser d'infusion de camomille !

■ Chlorure de fer comme poudre cicatrisante (→ Dessin 5, page 79).

CONSEIL

Il n'est pas toujours facile de trouver un vétérinaire qui connaisse les perruches ondulées. Renseignez-vous donc avant que vos oiseaux ne soient malades pour savoir où trouver un bon spécialiste des oiseaux dans le voisinage. Les éleveurs, les revendeurs en animalerie ou d'autres propriétaires de perruches vous renseigneront volontiers.

Les pattes de cette jeune perruche ondulée sont estropiées. Parfois, c'est parce qu'elles ont été mal soignées.

Visite chez le vétérinaire

Questions du vétérinaire auxquelles vous devez vous préparer à répondre

- Quel est l'âge de la perruche ondulée ?
- De quelle animalerie ou de quel élevage provient-elle ?
- Depuis quand avez-vous l'impression qu'elle est malade ?
- Qu'avez-vous remarqué de particulier ?
- L'oiseau a-t-il déjà été malade ?
- Quelle maladie a été diagnostiquée ?
- Qui l'a traitée, avec quels médicaments ou quelles mesures ont été prises ?
- Quelle nourriture de base l'oiseau reçoit-il (apportez un échantillon !) ?
- Quels fruits ou légumes a-t-il mangés ?
- Que boit-il ?
- Se pourrait-il que l'oiseau ait absorbé des substances toxiques ?
- Quels autres animaux domestiques vivent chez vous ?

Le transport jusqu'au cabinet du vétérinaire

- Placez l'oiseau dans la cage la plus petite possible sans aucun équipement. Si l'oiseau a une patte ou une aile cassée, tapissez la cage de papier froissé.
- En hiver ou si le temps est frais, fixez une bouillotte remplie d'eau chaude sur le grand côté de la cage, pour que l'oiseau puisse se blottir contre le côté chaud (→ Dessin 1, page 78).
- Mettez du papier à la place du sable sur le fond de la cage pour que le vétérinaire puisse voir les excréments.
- Placez la cage dans un carton percé de nombreux trous d'aération et prenez le chemin le plus court pour vous rendre chez le vétérinaire.

Important pour le succès du traitement

- Faites exactement tout ce que le vétérinaire vous a conseillé.
- Respectez scrupuleusement la prescription du vétérinaire quand vous administrez les médicaments.
- Demandez au vétérinaire s'il est indiqué de poursuivre le traitement aux infrarouges.
- Demandez au vétérinaire s'il est possible d'appliquer un traitement homéopathique.

Les oiseaux en bonne santé sont vifs et il est amusant d'observer toute la diversité de leur comportement.

Faut-il s'occuper d'un oiseau ?

Au début, chacun voulait être le premier à apprendre à parler à Coco. Trois semaines plus tard, l'oiseau ne parlait toujours pas mais gazouillait gaiement ; aussi, plus personne ne s'occupait de lui. Jour après jour le petit perroquet devenait de plus en plus silencieux. Il commençait même à s'arracher les plumes. Un jour on l'a retrouvé mort. Lorsque l'oiseau est seul en captivité, tu es son unique partenaire. Tu dois souvent lui parler et jouer avec lui. Il doit pouvoir voler librement dans la pièce et toujours disposer de branches à ronger. Lorsqu'ils sont en couple, les oiseaux peuvent se tenir mutuellement compagnie, mais il leur faut des occupations qui rompent avec la monotonie de la vie en cage.

Maladies et cas d'urgence

Les maladies et cas d'urgence suivants sont les plus fréquents chez les perruches en captivité.

Blessures qui saignent

Causes possibles : blessures provoquées par un objet pointu ; combat avec d'autres animaux domestiques ou des rivaux.
Ce que vous pouvez faire : traitez immédiatement les blessures qui saignent, car une perruche possède peu de sang et la mort par hémorragie peut survenir rapidement. Répandez du chlorure de fer acheté en pharmacie sur un papier propre et entourez la blessure en exerçant une légère pression sur celle-ci pendant une bonne minute (→ Dessin 5, page 79). Placez ensuite l'oiseau dans une cage individuelle, au calme. En cas de blessure profonde, même si le saignement est momentanément arrêté, faites traiter la plaie par un vétérinaire.

Diarrhée

Manifestations : excréments jaunâtres ou liquides.
Causes possibles : si l'oiseau a l'air vif, il peut s'agir d'un trouble ayant une cause bénigne, comme par exemple un bain dans de l'eau trop froide, une nourriture indigeste, l'angoisse, ou la solitude.
Ce que vous pouvez faire: répandez du charbon actif ou pour animaux sur les graines ou, pour augmenter l'efficacité, mélangez-le avec un peu d'eau à l'aide d'une pipette dans le bec (→ Dessin 3, page 79). A la place de l'eau vous pouvez également donner du thé noir léger. Evitez les aliments frais tant que la diarrhée persiste et, à la place, versez des gouttes vitaminées dans le thé. Donnez des galettes suédoises ou du

pain blanc sec à grignoter. Veillez à ce que la température soit constante.

Attention : la diarrhée ne se manifeste pas uniquement par des excréments liquides, mais également par des excréments mousseux, mélangés avec du sang ou fortement colorés. Dans ce cas, consultez immédiatement un vétérinaire.

Constipation

Symptômes : l'oiseau essaie de déféquer, penche la queue sur le côté, mais ne peut produire d'excréments.

Remarque : si la perruche femelle produit des excréments moins fréquemment que d'habitude, mais plus gros et souvent plus mous, il est possible qu'elle soit en train de pondre. Les perruches qui ont pondu et qui couvent produisent des excréments en grande quantité, afin de devoir quitter moins souvent le nid.

Causes possibles : le cloaque est obstrué ; dysfonctionnements internes.

Ce que vous pouvez faire : prendre l'oiseau en main et nettoyer le cloaque avec de l'eau tiède. Si celui-ci n'est pas obstrué, administrez à l'oiseau deux gouttes d'huile de paraffine ou d'olive sur la langue et éliminez la nourriture et le sable pendant 24 heures. Donnez uniquement de l'eau. Si la constipation persiste, consultez un vétérinaire.

Attention : s'il s'agit d'une femelle, elle peut se préparer à pondre ; dans ce cas, le pourtour du cloaque est légèrement arrondi. Traitez aux infrarouges (→ page 72). Si elle n'a pas pondu dans les deux heures, consultez immédiatement un vétérinaire.

Eternuements fréquents

Causes possibles : l'oiseau éternue pour dégager ses voies respiratoires. L'éternuement peut

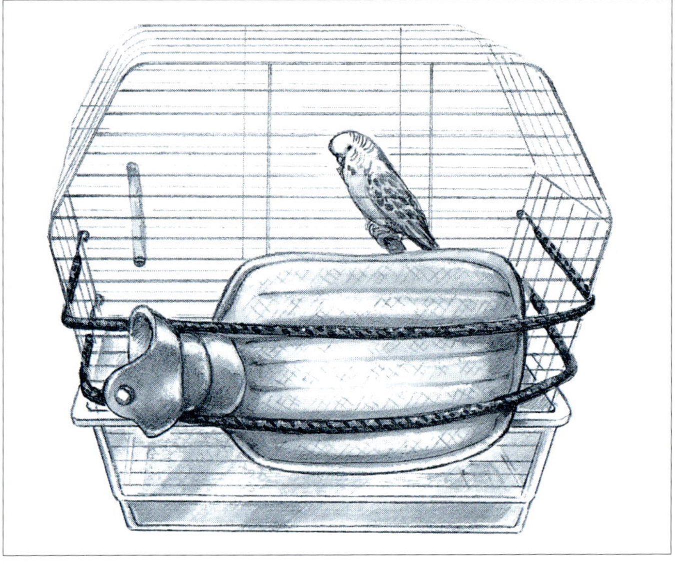

1. Lorsqu'il fait froid à l'extérieur et que vous devez transporter votre oiseau chez le vétérinaire, fixez une bouillotte à la paroi de la cage.

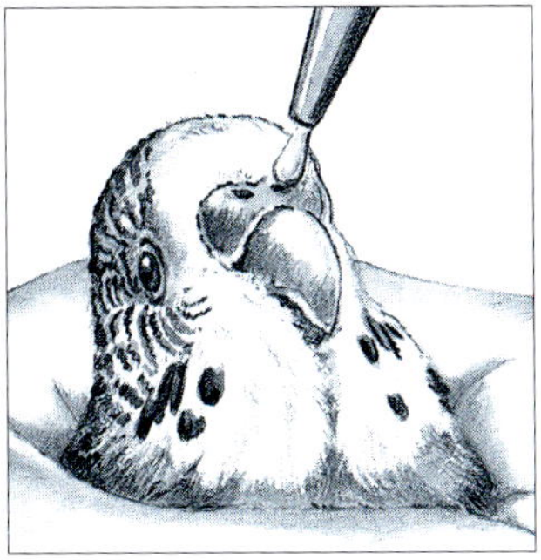

2. Mettre des gouttes dans les narines.

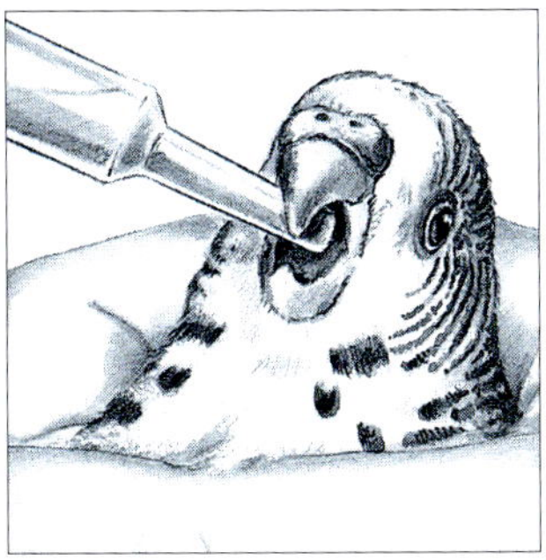

3. Administrer des médicaments.

4. Imbiber la muqueuse des narines.

5. Presser les blessures qui saignent avec un papier imprégné de chlorure de fer en poudre.

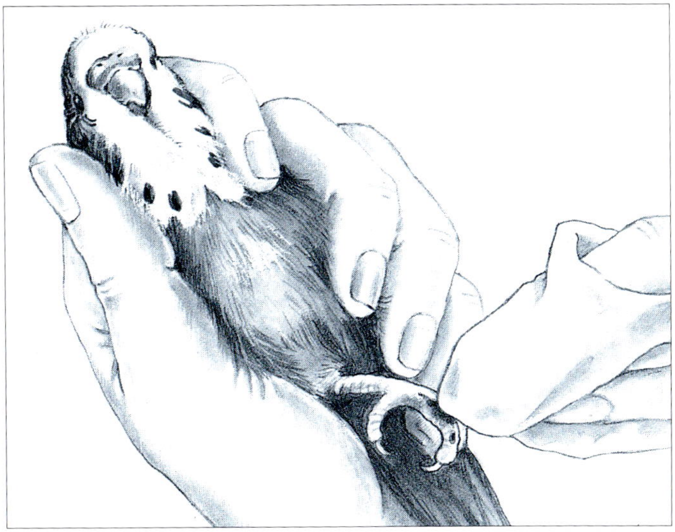

être provoqué par des variations de température et par de l'air trop sec.
Ce que vous pouvez faire : veillez à assurer l'humidité de l'air et une température constante. En cas d'écoulement nasal, introduisez quelques gouttes de Nésivine (pharmacie) dans les narines et traitez aux infrarouges (→ Dessin 2).
Attention : si vous ne constatez pas d'amélioration et si la respiration devient difficile et haletante, consultez impérativement un vétérinaire.

Parasites

Manifestations : l'oiseau triture ses plumes nerveusement, et se gratte continuellement.
Causes possibles : parasites. Le pou rouge s'attaque principalement pendant la nuit aux oiseaux pour leur sucer le sang. La gale des oiseaux affecte le bec, les paupières et les pattes. Elle se manifeste par des taches blanches ou gris clair.
Les mallophages se nourrissent de pellicules de peau et de particules de plumes.
Traitement : le vétérinaire doit déterminer de quelle espèce de parasite il s'agit et prescrire un remède qui le détruira de façon ciblée. Il vous expliquera comment procéder et comment désinfecter.

Ongles trop longs, mandibules supérieures trop longues

Manifestations : l'oiseau reste suspendu par les griffes, aux rideaux par exemple. Il ne peut se nourrir parce que la mandibule supérieure est trop longue.
Causes possibles : modification du métabolisme, souvent due à l'âge.
Traitement : faire raccourcir les griffes et la mandibule supérieure uniquement par un vétérinaire, car en coupant les griffes, on peut blesser les vaisseaux sanguins.

Modifications au niveau de la bague

Manifestations : gonflement de la patte au niveau de la bague.
Causes possibles : l'oiseau est resté suspendu par la bague et a tiré pour se libérer. La bague peut empêcher la circulation du sang en cas d'enflure importante.
Traitement : uniquement par un vétérinaire.
Remarque : il est interdit de retirer la bague. Si le vétérinaire doit absolument le faire, il est tenu de le consigner par écrit et vous devez conserver ce document (→ Elevage, page 28).

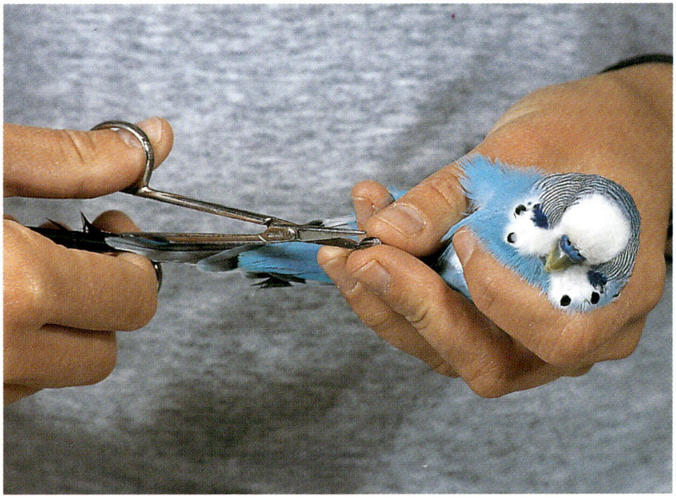

Faites impérativement couper les griffes par un vétérinaire ou demandez-lui de vous montrer comment procéder.

Le vétérinaire raccourcit les griffes en veillant à ne pas couper les vaisseaux sanguins qui les irriguent.

CONSEIL

Il sera plus facile de vous rendre compte que votre perruche ondulée est malade si vous connaissez bien ses habitudes. Si elle n'apprécie plus sa nourriture favorite, si elle ne vient plus dans votre main lorsque vous la lui tendez ou si elle ne vous salue plus de son babillage habituel, cela signifie peut-être qu'elle est malade.

Congestion cérébrale

Manifestations : l'oiseau a l'air abasourdi, chancelant, tremblant ou tombe du perchoir. Il a des convulsions et une paralysie, les yeux larmoyants ou les paupières incrustées de sécrétions glaireuses. Sa tête a une position anormale : raide, penchée en arrière ou sur le côté.

Causes possibles : collision en vol.

Ce que vous pouvez faire : couchez l'oiseau sur le côté droit dans une boîte tapissée de papier et percée de nombreux trous d'aération dans le couvercle, puis fermez la boîte. L'oiseau doit rester couché dans l'obscurité. S'il ne se réveille pas après quelques minutes, consultez un vétérinaire.

Ornithose

Dans le passé, on l'appelait maladie des perroquets ou psittacose, car elle a d'abord été décrite chez le perroquet. On sait à présent qu'elle se manifeste également chez les oiseaux chanteurs, les colombes et les oiseaux domestiques. Comme elle est transmissible à l'homme, des évolutions mortelles chez l'homme et l'animal ayant été observées au cours des dix dernières années, cette maladie est énergiquement combattue (→ Bague, page 29).

Manifestations : apathie, somnolence, perte d'appétit, excréments liquides, rhumes, difficultés respiratoires, inflammations des conjonctives avec sécrétion de mucus au niveau de la paupière inférieure, tremblement convulsif.

Ce que vous pouvez faire : isolez immédiatement l'oiseau présentant les symptômes décrits et consultez un vétérinaire dans les 10 heures qui suivent, si vous voulez avoir une chance de le sauver.

Important : en cas de transmission à l'homme, les symptômes sont des manifestations grippales ou une légère inflammation pulmonaire. Signalez impérativement l'état de l'oiseau au médecin.

Les préparations vitaminées que vous ajouterez à l'eau de boisson renforcent les défenses immunitaires de l'oiseau (→ page 65).

Quand vos oiseaux deviennent parents

Pour qu'un couple puisse nicher, il faut lui fournir un nichoir approprié, puis attendre. Lorsque le mâle et la femelle s'accouplent et que la femelle pond des œufs, la naissance a généralement lieu trois semaines plus tard.

Nichoir

En animalerie, on trouve des nichoirs pour perruches ondulées aux dimensions appropriées (→ Photo, page 49).
Le nichoir idéal est un parallélépipède de 25 cm de long, 15 cm de large et 15 cm de haut.
L'orifice d'accès doit se trouver du côté opposé au creux du nid, pour que la femelle n'ait pas à sautiller sur la ponte quand elle entre dans le nichoir. Pendant que celle-ci couve, elle est nourrie par le mâle à travers l'orifice d'accès. Aussi faut-il placer un rebord extérieur sous l'orifice d'accès. Le creux du nid doit avoir un diamètre de 8 à 10 cm et une profondeur de 2 cm.

Les matériaux du nid

Dans la nature, les perruches ondulées n'utilisent pas de matériaux pour le nid. Cependant, en aménageant le trou dans l'arbre ou dans les branches, la femelle fait tomber quelques débris sur lesquels les œufs seront ensuite posés. Pour des raisons d'hygiène, dès la naissance des jeunes, il faut placer sur le fond du nichoir environ 3 cm de litière en copeaux de bois pour hamster ou pour chat. N'utilisez pas de sciure de bois car celle-ci provient de bois traités avec des produits chimiques.

Aménagement du nichoir

Si la cage est spacieuse, on peut installer le nichoir à l'intérieur. Si elle est petite, il faut découper un trou dans le grillage de la même dimension que l'orifice d'accès d'un nichoir. Il faut ensuite fixer le nichoir à l'extérieur de façon que l'oiseau puisse pénétrer dedans par l'orifice ménagé à partir de la cage. Installez toujours le nichoir de façon à pouvoir soulever le couvercle et accéder à l'intérieur. S'il n'est pas possible de placer le nichoir dans la cage, on peut également le fixer au mur près de celle-ci. Toutefois, la cage doit alors rester ouverte nuit et jour.

Parade et accouplement

Au début, les perruches se contenteront probablement de regarder le nichoir. Toutefois,

Accouplement de perruches. Le mâle recouvre tendrement la femelle de son aile, et celle-ci semble ravie.

La mère sent par l'intermédiaire de sa plaque incubatrice que l'œuf va éclore.

dans les jours qui suivent, la femelle s'y intéressera de plus en plus, jusqu'à se risquer à observer l'intérieur. Peu après, elle y pénétrera et grignotera un peu les parois, puis y restera de plus en plus longtemps.
Le mâle observera également souvent l'intérieur du nichoir, mais n'y pénétrera pas, car il est d'abord le domaine exclusif de la femelle. Vous pouvez à présent observer la parade du couple à l'extérieur du nichoir. Si le mâle s'était jusque-là montré plutôt distant vis-à-vis de la femelle, il devient plus audacieux.
Exemples de comportement sexuel : le mâle essaie, à chaque occasion, de marcher sur la queue de la femelle, mais celle-ci se défend en poussant de petits cris. Pour l'impressionner, le mâle utilise des objets. Par exemple, il tire violemment sur la clochette et la fait tournoyer autour de sa tête. Il traverse la pièce à tire-d'aile et atterrit près de sa femelle. Toutefois, celle-ci semble ignorer son manège. Le mâle s'approche à nouveau de la femelle en sautillant et en hochant fréquemment la tête et il appuie plusieurs fois son bec contre son épaule. Sous l'effet de l'excitation, ses pupilles se rétrécissent, se réduisant à de petits cercles noirs.
La femelle ne sera disposée à l'accouplement que plusieurs jours plus tard. Elle se perche presque à l'horizontale sur une branche, incline la tête fortement en arrière, soulève la queue et reste immobile dans cette position. Le mâle comprend immédiatement le signal et monte sur le dos de la femelle pour s'accoupler (→ page 15). L'accouplement est aussi appelé «cochage».
Après l'accouplement, les deux oiseaux secouent leur plumage. La femelle s'envole et le mâle

CONSEIL

Vous devez obtenir une autorisation d'élevage lorsque le premier œuf fécondé est pondu dans le nichoir (→ page 58). Quand vous donnez un jeune oiseau, notez le nom et l'adresse de l'acheteur ainsi que le numéro de la bague de l'oiseau dans le livret d'authentification, pour vous conformer aux règles officielles.

Couché sur le dos, le jeune est nourri par la mère jusqu'à ce qu'il puisse s'asseoir.

commence à se nettoyer.
La parade amoureuse est répétée plusieurs fois par la suite.

Les premiers œufs

Après le premier œuf, les suivants sont pondus à intervalle de deux jours, jusqu'à ce que la ponte atteigne 4 à 6 œufs.
La ponte d'un œuf est épuisante pour la femelle.
On peut s'en rendre compte lorsqu'elle pond un œuf hors du nid. La femelle s'agrippe au perchoir, les deux pattes écartées, s'étire et happe du bec dans le vide, écarte les ailes et tente en tremblant de conserver son équilibre.
La femelle couve dès qu'elle a pondu le premier œuf. Elle reste alors installée sur la ponte de façon presqu'ininterrompue et ne quitte le nichoir que pour déféquer.
A présent, c'est principalement le mâle qui la nourrit.
Si elle est dérangée dans son nichoir, la femelle peut abandonner le nid. Donc, ne regardez à l'intérieur du nichoir que lorsque la femelle n'y est pas. Résistez à la tentation de remuer les œufs, même s'ils sont salis. Les œufs blancs qui pèsent environ 2,7 g sont entourés d'une couche ressemblant à de la cire, qui protège l'embryon contre les infections et qu'il ne faut donc pas enlever.

Les œufs sont-ils fécondés ?

A partir du sixième jour, il est possible de savoir si les œufs sont fécondés (→ Dessin 2, page 89). A cet effet, enfilez de préférence des gants fins et présentez les œufs devant le rayon lumineux d'une torche électrique. Dans les œufs fécondés, on voit clairement la forme sombre des embryons, entourés d'un réseau de vaisseaux rouge clair. Les œufs non fécondés sont clairs, transparents. C'est pourquoi les éleveurs les appellent «œufs clairs». Laissez tous les œufs dans le creux du nid pour ne pas troubler la femelle. Vous éliminerez les œufs non fécondés plus tard.

Incubation

Il faut 18 jours pour que l'embryon de l'œuf se transforme en un poussin capable de survivre. Comme les œufs sont pondus à intervalle de deux jours, les poussins éclosent également à un rythme de deux jours. La femelle doit donc soigner des jeunes d'âge différent. Tant que la femelle a des jeunes dépourvus de plumes au nid, elle les abrite presque jour et nuit avec ses propres plumes.
La période d'incubation et le temps passé au nid sont pratiquement les mêmes pour les oiseaux domestiques et pour les perruches vivant en liberté (→ page 15). Toutefois, contrairement à ce qui se passe dans la nature, le mâle de la perruche domestique peut s'installer dans le nichoir quand les œufs sont couvés.

Comment améliorer le succès de la couvée

■ Veillez à ce que la pièce soit calme, à température constante et que l'humidité de l'air soit suffisante. La température dans le nid doit être de 37°C, la température dans la pièce comprise entre 16 et 18°C ; éventuellement, utilisez un humidificateur.
■ Veillez à ce que les parents reçoivent une nourriture variée, notamment des graines germées (→ page 63) et des aliments spécifiques, que vous trouverez en animalerie.
■ Examinez tous les jours la ponte, puis les oisillons.

Si la mère ne nourrit pas ou pas assez le jeune, vous pouvez tenter de le nourrir à la main.

Ces jeunes sont âgés d'environ quatre semaines. On voit qu'ils se développent merveilleusement bien.

Contrôle au nid

Pour observer le nid, choisissez un moment où la femelle n'est pas dans le nichoir.

Un poussin mort peut se décomposer rapidement et mettre en danger la santé de ses frères et sœurs. Il doit être immédiatement éliminé, de même que les coquilles vides que la femelle a repoussées dans un coin du nichoir. Elles peuvent blesser les poussins qui se déplacent en titubant.

Eliminez également la litière souillée et remplacez-la par de la litière fraîche.

Tâtez doucement les gésiers des poussins (→ Dessin 3, page 89). Si les gésiers sont pour la plupart vides et que les poussins ne semblent pas se développer, il se peut que les parents les nourrissent peu ou pas assez. Dans ce cas, vous devez les nourrir vous-mêmes.

Comment faire :

■ Procurez-vous, en animalerie, une seringue et un aliment-croissance. Nourrissez les oisillons jusqu'au 14e jour à l'aide de la seringue, puis utilisez une petite cuillère.

■ Placez les poussins dont le gésier est vide sur un papier doux et donnez-leur un aliment-croissance en plaçant la seringue sur leur langue jusqu'à ce que le gésier soit rempli mais pas gonflé. Ensuite, nettoyez les

poussins avec un papier humide et replacez-les dans le nichoir.

■ Si les parents nourrissent trop peu les oisillons, vous devez apporter un complément de nourriture plusieurs fois par jour en fonction des besoins.

Placement de la bague

Vous devez commander les bagues nécessaires dès le début de l'incubation (→ Adresses, page 29). Baguez le poussin âgé d'environ sept jours (→ Dessin 1).

Comment procéder :

■ Prenez délicatement le poussin dans votre main et tenez doucement sa patte entre le pouce et l'index.

■ Faites passer la bague sur les trois doigts les plus longs et remontez le long de la patte, jusqu'à ce que le dernier doigt soit dégagé.

■ Lâchez la bague. Tous les doigts doivent à présent se trouver plus bas que la bague.

■ Si vous remarquez que la bague des oisillons gêne les parents et qu'ils cherchent à l'arracher, vous devez immédiatement enlever la bague, car les parents pourraient blesser les petits. Placez ensuite une bague aux jeunes oiseaux après leur envol.

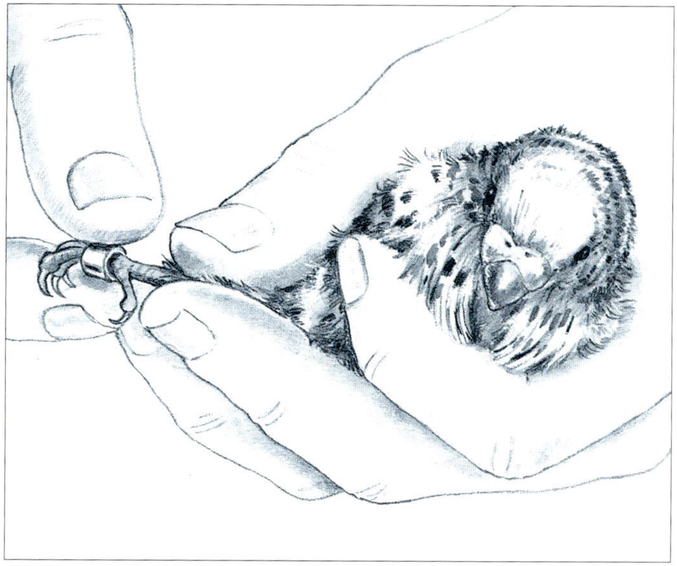

1. Quand vous mettez la bague à la patte du poussin, maintenez celle-ci entre le pouce et l'index. Faites glisser la bague sur les trois doigts les plus longs et remontez jusqu'à ce que le dernier doigt soit dégagé.

Aide à l'atterrissage pour les oisillons

Lorsqu'ils sont âgés d'environ quatre semaines, les oisillons quittent progressivement le nichoir. Ils observent d'abord à travers l'orifice de celui-ci et battent souvent des ailes dans le nichoir pour en exercer les muscles.

Lorsque les oisillons manifestent leur besoin de liberté, ils doivent avoir l'occasion de voler. Si le nichoir est dans la cage, gardez constamment la porte de la cage ouverte. Les premières distances sont parcourues plutôt en voletant qu'en volant. L'atterrissage est

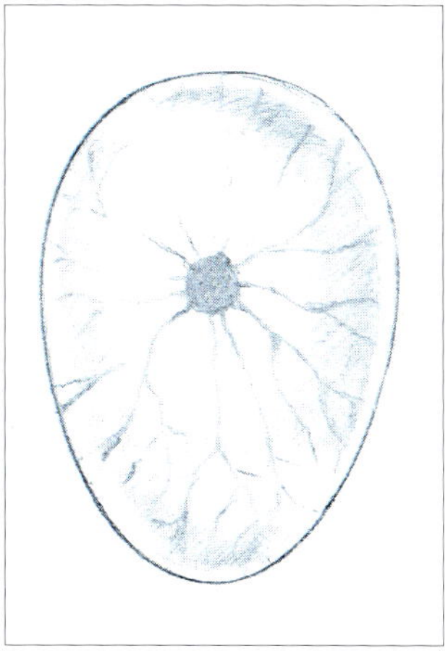

2. On voit si l'œuf est fécondé en l'observant par transparence, éclairé par une lampe de poche.

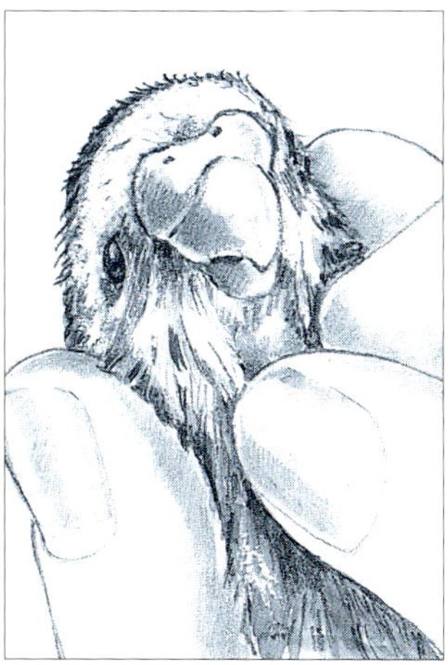

3. En tâtant le gésier, vous pouvez savoir si le poussin a suffisamment mangé.

particulièrement délicat pour les jeunes oiseaux. Ils ont besoin d'aide pour atterrir dans la pièce. A cet effet, tendez quelques cordes de chanvre, plantez quelques branches dans des jardinières et fixez des nattes le long des meubles et des murs pour qu'ils puissent grimper.

Développement des poussins

Le développement se fait pratiquement de la même manière que chez leurs ancêtres d'Australie (→ page 16). Toutefois, nos oiseaux domestiques et leurs poussins sont un peu plus lourds que les perruches australiennes.

Du 1er au 5e jour : le poussin, après éclosion, pèse 2 à 2,7 g, ses yeux sont encore clos. Il est nourri jour et nuit, couché sur le dos.

Du 6e au 8e jour : le poussin pèse 12 à 14 g. L'espèce de dent qui lui a servi à gratter la coquille tombe.

7e jour : les ailes commencent à se développer.

8e jour : le poussin peut se tenir la tête dressée et faire quelques pas. A présent, il est rarement nourri la nuit.

9e jour : les rectrices commencent à pousser. Les yeux s'ouvrent. Le poussin est principalement nourri en position assise sur le croupion.

12e jour : le poussin possède un duvet complet et pèse environ 23 g.

17e jour : toutes les plumes poussent, mais ne se déploient pas encore. Le poussin pèse 34 g.

21e jour : toutes les plumes se déploient et prennent leurs couleurs. Le poussin tourne en rond dans le nichoir et réclame sa nourriture.

28e jour : les rémiges ont pratiquement atteint leur longueur définitive, seules les rectrices sont plus courtes que celles des parents.

Du 28e au 31e jour : les oisillons peuvent grimper, voltigent et cherchent à quitter le nichoir. Ils pèsent à présent environ 37 g.

38e jour : le plumage est complètement développé, mais est plus mat que celui des parents.

Du 3e au 4e mois : première mue. Ensuite, le plumage est identique à celui des perruches adultes.

Les jeunes atteignent leur maturité sexuelle.

Du 6e au 8e mois : les jeunes sont prêts pour l'accouplement et forment des couples stables.

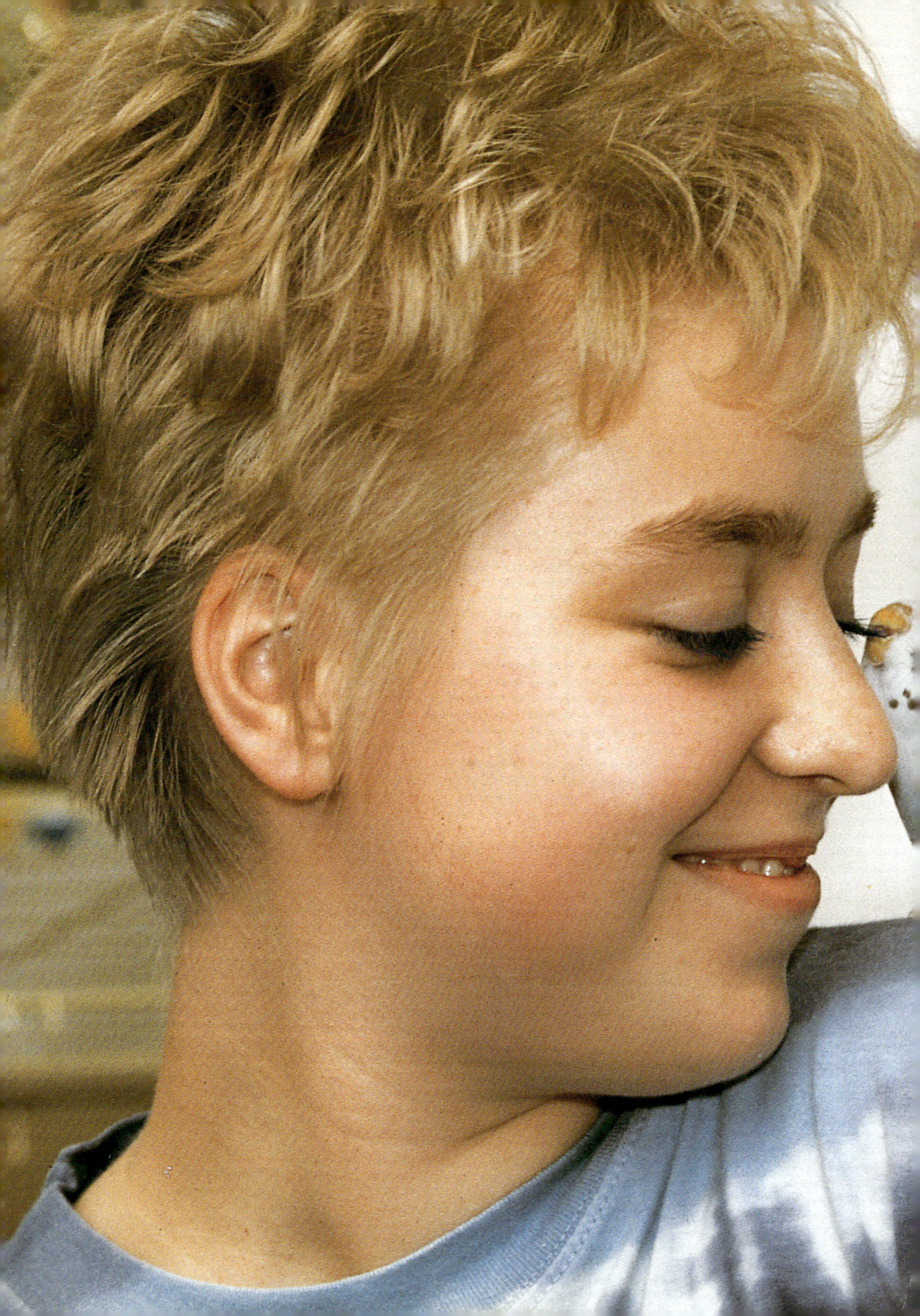

Apprendre à les comprendre et s’en occuper

Lorsqu’on observe attentivement les perruches ondulées, on apprend vite à les comprendre. C’est le meilleur moyen de nouer une longue amitié.

Prise de contact amicale. La perruche ondulée apprivoisée mâchonne les cils de son maître.

Les aptitudes d'une perruche ondulée

La perruche ondulée est capable d'exécuter de réelles acrobaties, possède un véritable langage corporel et sa voix lui permet de se faire parfaitement comprendre. Domestiquée, elle tente aussi de communiquer avec l'homme, par des expressions vocales et des comportements généralement innés.

Aptitudes physiques

■ Les perruches ondulées volent rapidement, longuement et coordonnent parfaitement chaque virage et chaque changement de direction lorsqu'elles volent en troupe.

■ Elles sont extrêmement douées pour l'escalade. Leur bec leur sert de crochet ou d'appui, leur offrant un support dans les branches.

■ Sur le sol, les perruches ondulées avancent en trottinant, et sur les branches, elles se déplacent sur le côté.

■ Comme ils manquent d'activité, les oiseaux domestiques s'agrippent des deux pattes à une branche et battent des ailes.

■ La perruche ondulée effectue des mouvements acrobatiques lorsqu'elle soigne son plumage. En se courbant en avant ou en arrière, elle peut atteindre toutes les parties de son corps avec le bec. Elle peut tourner la tête de 180 degrés. Les soins de la tête sont accomplis avec la patte, qui se déplace en passant sous l'aile. Si l'oiseau n'a pas de partenaire qui lui soigne les plumes de la tête (→ page 66), un geste social, il frotte celle-ci contre une branche ou contre le grillage de la cage. Après chaque repas, l'oiseau nettoie son bec à la branche sur laquelle il est posé, afin de le débarrasser des restes de nourriture. Il soigne la région ano-génitale avec son bec, et également avec sa patte, qu'il fait passer sur le côté de son corps. L'arête externe de la patte sert à gratter la région du cloaque, sensible. Après avoir nettoyé son plumage, il secoue ses plumes, pour en éliminer les pellicules et les particules de poussière.

Le langage corporel

Les mouvements de l'oiseau ne servent pas uniquement aux soins corporels, au déplacement et au métabolisme, mais également à se faire comprendre par son partenaire et les membres de la troupe.

<u>La position du sommeil :</u> lorsqu'il dort, l'oiseau ne repose généralement que sur une seule patte. La patte libre est repliée contre le plumage du ventre et

Grâce aux signaux émis par certaines parties du plumage, la troupe conserve sa formation, même lors de brusques changements de direction.

le bec enfoui dans les plumes du dos légèrement ébouriffées. De nombreuses perruches ondulées reposent également sur leurs deux pattes lorsqu'elles dorment. Cela peut être une attitude particulière à l'oiseau ou bien signaler le début d'une maladie.

La position de repos : si, pendant la journée, l'oiseau prend la position du sommeil, tout en n'ayant les yeux qu'à demi fermés, c'est qu'il ne veut pas être dérangé. Il arrive alors souvent qu'il crisse doucement du bec ou émette de petits gazouillements doux jusqu'à ce qu'il s'endorme. Lorsque ces bruits sont émis par l'oiseau, cela signifie qu'il est complètement détendu.

Etirement des pattes et des ailes vers l'arrière : lorsqu'une phase de repos prend fin, l'oiseau étire d'abord une patte puis l'autre vers l'arrière, ainsi que l'aile située du même côté. En étirant les pattes, il réunit souvent brièvement ses doigts en un poing, avant de reposer la patte.

Ecartement des ailes : lorsque l'oiseau a trop chaud, il écarte ses ailes sur le côté, afin d'éliminer sa chaleur corporelle. Il agit également ainsi lorsqu'il veut impressionner une femelle ou des rivaux. Si, au même moment, il plaque ses plumes contre son corps, et paraît aminci, cela signifie qu'il est très effrayé. S'il a ce comportement alors qu'il est installé sur une branche avec les pattes très écartées et qu'il tremble, il souffre certainement ou est affaibli, et arrive à peine à se tenir sur la branche (on peut observer cela lorsqu'une femelle a pondu un œuf en-dehors du nichoir).

Plumage étroitement plaqué : si une perruche ondulée interrompt brusquement une activité, qu'elle a le plumage étroitement plaqué et se raidit presque en position verticale, elle est certainement effrayée.

Plumage ébouriffé : la perruche ondulée a trop froid. L'air qui pénètre sous les plumes lui tient chaud. Lorsqu'ils dorment, les oiseaux ébouriffent souvent leurs plumes. Mais une perruche ondulée qui les ébouriffe constamment alors qu'elle est éveillée est certainement malade.

Secouement des plumes : la perruche ondulée ne secoue pas seulement ses plumes lorsqu'elle a fini sa toilette, mais également lorsqu'elle éprouve de la satisfaction, comme lors du retour de son maître après être

CONSEIL

La meilleure manière d'étudier les comportements typiques d'une perruche ondulée consiste à observer plusieurs oiseaux ensemble. Il existe des différences marquées entre les oiseaux, tant en ce qui concerne leur aspect que leur tempérament.

Que veut «exprimer» la perruche ondulée ?

Cri de peur / d'attaque	Ce cri ressemble à un bref caquètement et est émis lorsqu'une perruche se sent importunée ou menacée par un congénère. Il signifie : «Va-t'en». L'oiseau peut également pousser ce caquètement en face d'objets inconnus qui l'effrayent.
Cri de réclamation	Il se traduit par un gémissement doux, ressemblant à un «glouglou». Les oiseaux s'aplatissent légèrement et laissent retomber leurs ailes - souvent tremblantes. Ce cri de réclamation typique peut être entendu chez des jeunes ou des femelles qui attendent d'être nourris.
Pépiements aigus	Un mâle qui veut nourrir sa femelle émet de légers pépiements aigus. Ce faisant, il trottine autour d'elle en hochant la tête, ses pupilles étant rétrécies et son plumage légèrement ébouriffé.
Cri d'attente	C'est un cri court, non perçant, mais bien audible ; il indique au partenaire que l'on attend quelque chose de lui, et signifie en général : «Viens».
Cri d'avertissement ou d'alarme	En cas de danger, un cri clair, court et très perçant est émis. Un oiseau repère l'ennemi, pousse un cri puissant et s'envole comme une flèche. L'ensemble des oiseaux de la troupe réagissent de la même manière. Une perruche ondulée domestiquée peut émettre ce cri lorsqu'elle voit un rapace passer devant la fenêtre ou qu'elle est effrayée par des objets inconnus. Mais il peut arriver que l'oiseau émette ce cri et s'envole à la vitesse de l'éclair sans raison apparente.
Appels	On ne trouve pas mention, dans des études concernant des perruches ondulées sauvages, des appels bruyants et souvent incessants que lancent beaucoup de ces oiseaux lorsqu'ils sont domestiqués. Je pense qu'ils libèrent de cette façon un excès d'énergie.

Remarque : j'ai vécu douze années en compagnie de mes perruches ondulées et j'ai donc peu à peu compris à quelle situation correspondait un cri particulier. Cependant, je n'ai trouvé confirmation de mes observations dans aucun ouvrage. Je ne peux donc que vous apporter ici le fruit de mon expérience personnelle sur les différents types d'appels et de cris.

restée longtemps seule.
Soin des plumes de la queue : l'oiseau s'en occupe avec soin. Lorsqu'il est posé dans la cage ou sur son perchoir, il n'accorde pas d'importance particulière aux plumes de sa queue. En revanche, si un être vivant touche sa queue, il tressaille et s'éloigne. Lors de la parade, le mâle essaie tant qu'il le peut de marcher sur la queue de sa femelle, lorsque les deux oiseaux se trouvent sur le sol. Celle-ci pousse alors un caquètement et s'enfuit.
Eternuements : toute perruche ondulée éternue de temps en temps, sans qu'il y ait pour autant lieu de craindre qu'elle ait pris froid. Les éternuements permettent de dégager les voies respiratoires. Cependant, s'ils s'accompagnent d'un écoulement nasal, l'oiseau a peut-être attrapé froid.
Bâillement : toutes les perruches ondulées bâillent. Elles ouvrent alors largement leur bec et le referment aussitôt. L'oiseau bâille lorsqu'il est fatigué ou que la teneur en oxygène de la pièce est trop faible. On peut y remédier en aérant.
Embarras : une perruche ondulée peut montrer de l'embarras, même dans des situations insignifiantes, par exemple si une

Les perruches sont-elles intelligentes ?

Mausi est une perruche ondulée femelle de couleur verte. Elle adore jouer avec une petite balle. Elle s'envole sur l'armoire en la tenant dans son bec. Elle la laisse alors tomber et il faut que je la ramasse et la lui rende. Mais Mausi a découvert un jeu encore plus intéressant. Elle m'observe attentivement avant de jeter la balle. Alors que je lève les mains pour l'attraper, elle dévie la balle de mes mains à la vitesse de l'éclair pour la faire tomber sur le sol. La petite rusée émet alors des sons qui ressemblent vraiment à un rire moqueur. Il faut finalement que je me penche pour ramasser la balle.
L'expérience : des scientifiques ont essayé de déterminer à quel point un oiseau est intelligent. Ils ont pour cela mis au point une expérience au cours de laquelle les oiseaux doivent compter. Ils ont pris différents récipients, les ont remplis de nourriture et les ont refermés avec un couvercle. Sur chaque couvercle sont peints des points. On montre ensuite aux oiseaux de petits tableaux qui comportent également des points. Si l'on place par exemple devant les oiseaux le tableau comportant quatre points, ceux-ci doivent ouvrir avec leur bec le récipient comportant quatre points. Des perruches ondulées, des choucas et des corbeaux ont ainsi appris à compter jusqu'à six.

Après une phase de repos, l'oiseau étire vers l'arrière d'abord une patte puis l'autre, ainsi que l'aile située du même côté, afin de se détendre.

petite balle de jeu roule rapidement vers elle. Elle aimerait jouer, mais est effrayée lorsque la balle se rapproche d'elle. Elle résout ce conflit en trouvant une occupation de substitution. Elle arrête de jouer, s'éloigne de la balle en courant et commence à faire sa toilette, à se gratter ou à manger.

Protestation : je n'ai pu observer des perruches protestant avec véhémence que dans une seule circonstance, mais assez fréquemment. Mes perruches ondulées vivaient constamment en liberté et pouvaient librement se poser dans la cage, sur leur perchoir ou à tout autre endroit. Mais si je les enfermais pour laisser voler un ou deux oiseaux étrangers dans la pièce, elles se mettaient immédiatement à protester. Elles couraient d'abord sur le plancher de la cage, en long et en large le long du grillage. Puis elles commençaient à grimper et à montrer beaucoup d'agitation. Elles se suspendaient au grillage, plongeaient leur tête entre leurs deux pattes et exécutaient une culbute parfaite .

Les cinq sens

La vue : les perruches ondulées voient les couleurs comme nous. Avec leurs yeux placés sur le côté, elles ont en outre un champ visuel extrêmement large. Leurs yeux perçoivent indépendamment l'un de l'autre les images latérales, si bien qu'elles peuvent voir ce qui est devant elles, sur le côté et derrière. En outre, elles sont capables de distinguer 150 images à la seconde, alors que chez l'homme, cette capacité n'est que de 16 images. Pour des oiseaux qui volent rapidement, il est vital de pouvoir percevoir instantanément chaque détail de leur environnement.

L'ouïe : il est également vital pour l'oiseau de bien entendre. Les cris et les chants constituent une part essentielle de la communication. La perruche ondulée perçoit ainsi des sons situés dans une plage de fréquence allant de 400 à 20 000 Hertz. Elle est capable d'emmagasiner dans sa mémoire certaines séries de sons, et de les restituer - une aptitude qui joue certainement un rôle lorsqu'elle répète des mots de notre langue et importante, dans la nature, pour communiquer avec ses congénères.

Le toucher : les perruches ondulées ont un sens du toucher développé. Une femelle qui couve sent ainsi le mouvement du poussin dans l'œuf par l'intermédiaire de la plaque incubatrice située sur son ventre. Grâce à des cellules sensorielles situées dans les pattes, les perruches ondulées peuvent sentir les vibrations, une capacité sensorielle spécifique. En cherchant de la nourriture, elles peuvent ainsi sentir si un ennemi, comme un serpent, est en train de s'approcher. La perruche ondulée domestique est obligée de s'adapter à des vibrations qui normalement la feraient fuir, comme par exemple celles d'un camion qui passe. Cela peut susciter chez elle un sentiment de panique, surtout la nuit. Elle apprend néanmoins progressivement à s'y habituer. Cependant, il ne faut pas l'ef-

CONSEIL

Même une perruche ondulée solitaire peut avoir des comportements variés. Si vous êtes capable de comprendre correctement ses différents comportements, et de réagir de la manière appropriée, vous devenez un «partenaire de substitution» pour votre perruche ondulée. Par exemple, si l'oiseau commence à «discuter», il souhaite entrer en contact avec vous. Répondez-lui en lui parlant.

C'est grâce à leur souplesse que les oiseaux peuvent se nourrir mutuellement dans cette position.

frayer inutilement, en posant par exemple la cage sur des appareils qui vibrent, comme les réfrigérateurs.

Le goût : il est certain que l'on ne peut comparer les nerfs gustatifs d'un oiseau avec ceux d'un être humain, mais il n'en reste pas moins que les perruches ondulées perçoivent bien des différences gustatives. Elles deviennent même pratiquement dépendantes de certaines saveurs. Ainsi, elles aiment le salé et picorent des grains de sel avec gloutonnerie. Beaucoup d'entre elles se jettent sur les aliments sucrés, d'autres grignotent avidement des tranches de pain. Elles préfèrent certains fruits à d'autres. Certes, j'ai expliqué, dans le chapitre «Alimentation» (→ page 58) qu'il ne faut pas donner d'aliments salés ou sucrés à une perruche. On peut cependant la laisser prendre de temps en temps un fruit sucré, un morceau de gâteau sec ou un grain de sel tombé de l'assiette.

L'odorat : on connaît mal l'odorat des perruches ondulées. Mais Berta Ragotzi, auteur connu, écrivait que sa perruche ondulée, Putzi, reconnaissait à l'odeur ce qu'elle avait cuisiné et était très excitée lorsqu'il s'agissait de ses plats préférés.

Instaurer progressivement la confiance

Les premières heures et les premiers jours que l'oiseau passera chez vous seront déterminants pour la confiance qu'il aura en vous : c'est en fonction de ces premiers contacts qu'il s'apprivoisera ou restera pour toujours peureux et méfiant. Si c'est possible, restez toujours à proximité de lui au début, habituez-le progressivement à votre présence et parlez-lui aussi souvent que possible. Le jour de son arrivée, la cage de l'oiseau doit être complètement équipée.

Le transport à la maison

On vous remettra certainement la perruche ondulée dans une petite boîte pliante. Il y fait sombre, ce qui l'aide à maîtriser sa peur. Ramenez-la chez vous le plus rapidement possible. L'hiver, protégez-la du froid en plaçant la boîte pliante dans un carton comportant des trous d'aération ; l'été, s'il fait très chaud, placez-la dans une corbeille aérée.

Les premières heures chez vous

Placez la boîte pliante devant la porte de la cage, que vous aurez ouverte, de sorte que l'oiseau ne puisse qu'entrer à l'intérieur. Il n'hésitera certainement pas à sortir de sa boîte obscure pour se diriger vers la lumière. Sinon, ouvrez la boîte, posez-la sur le sol de la cage et refermez la porte. Au bout d'un certain temps, l'oiseau sortira certainement et observera attentivement son nouvel environnement.

Il est probable que la perruche grimpera sur l'un des perchoirs et y restera bien tranquillement. Si elle se nourrit un peu et commence à faire sa toilette, cela signifie que le choc causé par la séparation avec ses congénères, la capture et le transport a presque été surmonté.

Cependant, ne vous inquiétez pas si l'oiseau ne mange et ne boit rien au début. Il se rattrapera dès qu'il n'aura plus peur. L'essentiel est qu'il ne subisse plus de nouveau choc.

Préserver le sommeil nocturne

■ Au cours des premières nuits, laissez une petite lampe allumée éclairant la pièce d'une lumière tamisée. Si l'oiseau est nerveux à cause de bruits qu'il ne connaît pas encore, il peut s'orienter grâce à cette petite source de lumière. Dans le noir, il pourrait tenter de fuir, s'il est effrayé, et se heurterait contre

CONSEIL

Lorsque la perruche ondulée a intégré sa nouvelle cage, évitez d'y introduire la main pendant les premières heures. Sinon, elle sera prise de panique. Restez cependant à une distance relativement proche de la cage, afin que l'oiseau puisse vous voir et vous entendre. Parlez-lui doucement et prononcez souvent son nom, afin qu'il comprenne rapidement que ce nom le concerne.

la cage. Ce serait un nouveau choc ! L'oiseau pourrait même se blesser.

■ Avant de quitter la pièce, et éventuellement plus tard, au moment d'éteindre la lumière, assurez-vous que l'oiseau est bien installé à l'endroit où il dormira. S'il est obligé de chercher sa place dans le noir, il est possible qu'il commence également à voleter en s'agitant.

■ Aérez la pièce avant la nuit, à plus forte raison si l'oiseau doit la partager avec un fumeur.

■ Lorsque vous donnerez des aliments frais à l'oiseau pour la première fois, le matin, parlez-lui doucement et introduisez sans hâte la main dans la cage, même s'il est pris d'une peur panique. Puis laissez-le seul, afin qu'il puisse se calmer.

«Qui veut la fin veut les moyens», dit un vieux proverbe. Avec une friandise comme un épi de millet, on peut gagner la confiance des perruches ondulées et les apprivoiser.

La première sortie hors de la cage ne devrait avoir lieu que lorsque la perruche ondulée est mise en confiance.

L'habituer à se poser dans la main

Il est plus facile de s'occuper de la perruche ondulée lorsqu'elle est apprivoisée, c'est-à-dire qu'elle n'a plus peur de votre main. Il existe différents moyens de l'habituer à venir sur votre main.

■ Sortez la grappe de millet de la cage et posez-en un petit morceau dans votre main, que vous présenterez à l'oiseau. Faites-le de préférence le matin, lorsque vous avez fini de nettoyer la cage. Il faut que vous soyez patient. Au début, l'oiseau ne fera peut-être que regarder le millet, sans oser s'approcher. Un matin cependant, il essaiera, le cou tendu, d'en détacher quelques grains. Peu à peu, il se mettra à attendre l'épi de millet et se rapprochera, posera d'abord une patte sur l'épi, puis les deux et acceptera enfin de se percher sur votre main.

■ Tendez à l'oiseau un jouet qu'il utilise beaucoup ; cela peut être un miroir ou une clochette (→ page 111). La pre-

Quel nom vas-tu donner à ta perruche ondulée ?

Tu peux donner à ta perruche un nom qui se termine par «i», «e», «u» ou «aï». Si tu prononces ces sons, ils paraîtront clairs et familiers à la perruche, qui a également une voix aiguë. Si elle est particulièrement douée pour parler, il lui sera très facile de répéter son nom. Baptise-la par exemple Sissi, Lily, Eddy, Tommi, Youky, Bounty, Alfie, Betty, etc. Répète souvent son nom à l'oiseau. Plus tu le prononceras, plus vite la perruche saura que c'est ainsi qu'elle s'appelle.

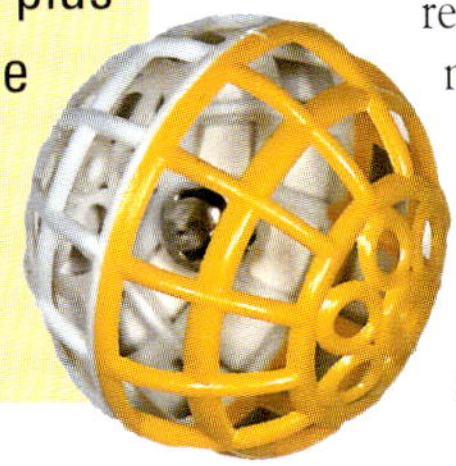

mière surprise passée, l'oiseau becquettera son jouet. Déplacez-le alors lentement vers le poignet ou le long de l'avant-bras, et l'oiseau le suivra peut-être. Sinon, recommencez le lendemain ou le surlendemain, et l'oiseau finira par ne plus avoir peur de votre main.
Exercice : si l'oiseau n'a plus peur de votre main, essayez d'obtenir qu'il se pose sur votre index.
Pour cela, caressez doucement les plumes de sa poitrine avec le dos de la main et placez ensuite l'index sous sa poitrine. En appuyant doucement sur celle-ci du doigt, vous devriez parvenir à le faire grimper sur votre index. A l'avenir, vous pourrez faire entrer et sortir l'oiseau de sa cage de cette manière (→ page 116).

Le premier vol hors de la cage

Tant que la perruche ondulée est effrayée par votre main, elle devrait rester dans la cage. En revanche, dès qu'elle se montre confiante vis-à-vis de vous, même si elle s'écarte encore de votre main, il est temps de la laisser sortir pour la première fois hors de sa cage.
Mesures préalables :
- Assurez-vous que portes et fenêtres sont bien fermées et que les dangers potentiels sont écartés (→ tableau des dangers, pages 52/53).
- Les fenêtres et portes vitrées sont-elles recouvertes de stores ? Sinon, l'oiseau ne comprend pas que les surfaces vitrées sont fermées, il peut s'y cogner en plein vol et se briser le cou. Habituez-le progressivement aux surfaces vitrées. Pour cela, déroulez les stores en vous arrêtant à 20 cm du bas de la vitre et allumez la lumière. Tous les jours, augmentez d'un centimètre la surface vitrée exposée. L'oiseau apprendra ainsi à considérer les vitres comme des surfaces fermées et ne volera plus dans leur direction. Il suffira de quelques jours pour qu'il comprenne, et cela sera valable également pour les autres pièces.

Pendant ses premières sorties à l'extérieur, il faudra constamment surveiller l'oiseau. Lorsqu'il sera familiarisé avec la pièce où il vit, et qu'il y disposera d'un perchoir (→ page 56), vous n'aurez plus besoin de le surveiller lorsqu'il sortira.
Au moment où la perruche ondulée verra pour la première

fois la sortie de sa cage, c'est-à-dire la porte ouverte, elle se montrera d'abord déconcertée par ce changement. Selon son tempérament, elle s'élancera vers l'extérieur ou restera prudemment à attendre. Mais la curiosité et le besoin de mouvement l'emporteront bientôt, et l'oiseau grimpera sur le toit de la cage, d'où il s'élancera pour voler à travers la pièce.

Après quelques tours, qu'il accomplira certainement encore avec précipitation, il lui faudra maintenant réussir son atterrissage.

Pour atterrir, il préfère un endroit situé en hauteur, comme une lampe, une tringle à rideaux ou le perchoir. Beaucoup d'oiseaux retournent se poser sans difficultés sur la cage, d'autres sont si excités en revanche, qu'ils atterrissent sur le sol. Quelle que soit la manière dont s'est terminé le premier vol, laissez l'oiseau installé à l'endroit où il s'est posé. S'il est sur le sol, vous pouvez lui distribuer quelques graines, et il viendra certainement les chercher en trottinant. Au bout d'un certain temps, posez la cage devant lui sur le sol ; il réintégrera certainement avec soulagement son milieu familier.

Ce qu'apprécient et ce que craignent les perruches ondulées

Ce qu'elles apprécient :	**Ce qu'elles craignent :**
● La compagnie d'un congénère. ● Qu'on les nourrisse à heures régulières. ● Qu'on leur donne des friandises comme des épis de millet par exemple. ● Ronger des branches (→ page 47). ● Avoir beaucoup d'activités à l'extérieur et dans une cage spacieuse. ● Qu'on leur parle doucement, d'une manière apaisante. ● Avoir une activité avec leurs maîtres (→ page 107). ● Une cage dont la disposition reste la même. ● Trouver un environnement inchangé lorsqu'elles volent et se perchent hors de la cage. ● Que vous ne changiez pas trop d'apparence, comme par exemple avec des vêtements voyants ou un grand chapeau. ● Etre postées en hauteur, ce qui leur permet de bien voir leur environnement. ● Avoir des activités, pour ne pas s'ennuyer.	● Etre seules, car les perruches ondulées sont très sociables. ● Que vous vous approchiez d'elles sans faire de bruit. ● Tout changement dans leur environnement, comme une nouvelle lampe à pied ou une plante supplémentaire. Installez les nouveaux objets à bonne distance de l'espace habituellement occupé par l'oiseau, afin qu'il puisse s'y habituer progressivement. ● Les nouveaux jouets. Placez-les tout d'abord hors de la cage, bien en vue, pour que l'oiseau puisse s'y habituer. ● Les bruits inhabituels, comme ceux provenant de machines, de moteurs ou les aboiements d'un chien. ● Les vibrations (→ page 98). Evitez par exemple de poser la cage sur le frigidaire ou sur une machine à laver en marche. ● Etre attrapées avec la main ou poursuivies à travers la pièce. ● Les animaux domestiques ayant un instinct de chasse prononcé, comme le chat.

Beaucoup de perruches ondulées aiment la musique. Celle-ci se sent particulièrement bien lorsqu'elle est aux premières loges pour écouter un violon.

En revanche, s'il a atterri en hauteur, laissez l'oiseau décider lui-même à quel moment il voudra retourner dans sa cage. Restez calme, même s'il reste installé sur son perchoir pendant des heures. Si nécessaire, laissez-le même y passer la nuit. L'oiseau finira par avoir faim et se dirigera vers sa mangeoire, et donc dans sa cage.

Il faudra attendre quelques jours pour que la perruche ondulée surmonte sa crainte de son nouvel environnement et attende désormais avec impatience l'ouverture de la porte de sa cage. Au début, il vaut mieux la laisser sortir à heures régulières, avant qu'elle ne puisse aller et venir librement.

Jeux et distractions pour la perruche ondulée

L'ennui finit par rendre malade la perruche ondulée, oiseau intelligent et sociable. L'oiseau seul, en particulier, doit avoir beaucoup de contacts avec son maître, qui est un partenaire de remplacement. L'oiseau seul a besoin qu'on lui parle, que l'on s'occupe de lui et que l'on joue avec lui. Lorsqu'on possède deux perruches ou davantage, on peut, en s'occupant beaucoup d'elles, les rendre plus confiantes.

Disposée à jouer ?

Il n'est cependant pas nécessaire d'occuper constamment une perruche ondulée. Le soin du plumage lui prend déjà une grande partie de son temps. De plus, elle a besoin d'avoir des phases de repos entre ses activités. Elle dort souvent pendant un petit moment, puis reste installée paisiblement, une patte repliée contre son ventre, et babille ou gazouille doucement.

La perruche ondulée sait bien que la main de l'enfant ne constitue pas une menace pour elle.

Si en revanche elle lève ses deux ailes lorsque vous vous approchez, qu'elle pousse sa clochette ou secoue brièvement son plumage, et vous regarde d'un air implorant, elle a certainement envie de jouer. C'est toujours l'être humain qui déclenche le jeu, et l'oiseau le suit généralement avec enthousiasme.

Les jeux appréciés

Pour favoriser le développement des liens et de la confiance, vous devriez passer autant de temps que possible avec l'oiseau. Une perruche ondulée n'est que trop disposée à se laisser entraîner au jeu.

Jeu n° 1 : lorsque la perruche ondulée atterrit sur la table par exemple, donnez-lui une bobine de fil vide ou une petite boule de papier que vous déplacerez lentement devant elle. Bientôt, elle trottinera derrière et tentera de la pousser du bec. Elle aime pousser tout ce qui roule et le faire tomber à terre, et l'oiseau est fasciné par la chute de l'objet sur le sol. Ramassez l'objet, afin que le jeu puisse recommencer.

Jeu n° 2 : une petite balle ajourée permet d'organiser une superbe partie de ballon. Posez-en par exemple une devant la perruche sur la table. Elle comprend vite que l'on peut tenir cette balle dans son bec et la lancer. Renvoyez-lui la balle, et elle pourra de nouveau la lancer.

Jeu n° 3 : peignez avec votre oiseau. Il peut vous regarder lorsque vous coloriez une feuille de papier blanc à l'aide de crayons de couleur. Cela le fascine tant, qu'il essaie même souvent de becqueter les taches de couleur. Il parvient parfois également à tracer quelques traits sur le papier lorsque vous lui donnez un crayon. N'utilisez que des couleurs non toxiques, à base de graphite par exemple.

Jeu n° 4 : dissimulez des aliments que la perruche ondulée devra chercher. Cachez une friandise, telle qu'un épi de millet, dans une boîte. Découpez quelques fentes dans le couvercle, afin de permettre à l'oiseau de pratiquer une ouverture. Il s'efforcera fiévreusement d'en sortir le contenu. Ce jeu amusera aussi bien le maître que l'oiseau.

Jeu n° 5 : invitez la perruche ondulée à danser. Cela peut certainement vous paraître un peu fou, mais vous serez étonné de voir quel plaisir vous et l'oiseau y trouverez. Cherchez à la radio une musique appropriée.

Lancer de petites balles ajourées. A deux, le jeu est encore bien plus amusant.

Chantez doucement et déplacez-vous en rythme. Vous verrez comment, après vous avoir observé quelques minutes, votre perruche ondulée se mettra à se balancer sur le rythme de la musique.

Jeu n° 6 : lisez le journal avec votre perruche. Faites bruire les pages, pour éveiller son intérêt. Déchirez une bande de papier jusqu'à mi-hauteur, afin que l'oiseau puisse «terminer le travail» avec son bec.

Jeu n° 7 : avec votre perruche, empilez des capsules de bière pour en faire de petites tours. Laissez-la becqueter dans les capsules et détruire «l'édifice».

Jeu n° 8 : répandez quelques nouilles non cuites sur une assiette. La perruche les fouillera de son bec et les déplacera dans l'assiette, ce qui produit des bruits qui lui plairont. Laissez-la grignoter les nouilles et les déplacer avec son bec.

Apprendre à parler

En imitant la voix de l'homme ou des bruits de son environnement, une perruche ondulée essaie d'établir un contact.

Beaucoup d'oiseaux apprennent aussi à associer certains sons ou certains mots à une situation. Par exemple, une perruche dont j'avais provisoi-

Décoller d'une balle en mouvement. N'est-ce pas là un superbe tour ?

Le papier est amusant à déchiqueter et bruisse joliment.

rement la garde, répétait inlassablement, lorsqu'elle était fatiguée et voulait dormir, le soir, alors que je me trouvais encore dans la pièce : «Bonne nuit maintenant». Elle me signifiait ainsi de la laisser seule.

Encourager le désir de parler

Appuyez-vous sur la relation de confiance que vous avez bâtie avec votre oiseau pour l'inciter à parler.

Commencez le «cours de langage» à un moment où il n'y a pas de bruit chez vous. Inventez des phrases courtes correspondant à certaines situations, que vous répéterez toujours à heures régulières, comme «Ça c'est bon» lorsque vous lui donnez un morceau d'épi de millet. Si votre petit prodige du langage a enregistré cette phrase, celle-ci fait maintenant partie de son répertoire, et vous devrez la lui répéter de façon régulière pendant le «cours».

Ma perruche Manky venait me voir tous les jours pour que je lui répète son vocabulaire. Comme je n'avais pas toujours le temps ou l'envie de le faire, j'avais enregistré son répertoire sur une cassette, que je lui passais sur un petit magnétophone. Elle se couchait littéralement, le ventre appuyé contre l'appareil, et prêtait attentivement l'oreille . Une pause respiratoire trop longue l'impatientait et elle poursuivait elle-même la phrase, sans jamais se tromper dans l'ordre des mots.

Lorsque je téléphonais, Manky

Sacrifiez un carnet à votre oiseau, pour qu'il puisse le déchiqueter à son aise. Il s'occupera ainsi pendant des heures.

se posait immédiatement sur ma main près du combiné et commençait à babiller. Certains interlocuteurs, ahuris, me demandaient ce que j'avais dit et affirmaient que la voix de l'oiseau imitait la mienne à la perfection. On m'a souvent demandé au bout de combien de temps une perruche ondulée douée sait parler. Cela dépend naturellement de l'intensité et de la régularité avec laquelle on exerce l'oiseau. Si on le fait quotidiennement, on obtient les premiers résultats au bout de trois à cinq mois. Les oiseaux doués peuvent répéter jusqu'à 30 mots. Les «génies» retiennent plus de 100 mots.

Remarque : une perruche ondulée dont on ne s'est pas beaucoup occupé dès le départ, ou un oiseau qui a vécu exclusivement au contact de ses congénères, comme au sein d'une grande volière, n'apprendra vraisemblablement jamais à parler.

Activités pour les heures de solitude

Il n'est pas toujours possible de s'occuper de sa perruche au moment où celle-ci en a justement envie. Elle a donc besoin d'objets lui permettant de passer le temps.

On en trouve certains dans le commerce, et on peut fabriquer ou se procurer soi-même les autres.

■ Les branches sont importantes, car elles permettent à la perruche ondulée de satisfaire

On peut se procurer ce type de portiques pour perruches ondulées dans les animaleries. Seul inconvénient : les perchoirs en bois non naturel (→ page 46).

Que peux-tu bricoler pour ta perruche ondulée ?

Aimerais-tu faire un jouet en raphia ? Il est très facile à réaliser. Pour cela, tu n'as besoin que d'un mètre ruban, de ciseaux et de raphia de teinte naturelle. Tu peux te procurer du raphia dans tous les magasins de bricolage.

Voici comment procéder : découpe 20 morceaux de raphia de 15 cm de long. Rassemble les fils de raphia en une petite botte. Plie la botte en deux, au milieu. Noue la botte avec un autre fil à environ 2 cm sous le pli. Maintenant, les fils tiennent ensemble. A travers le nœud que tu as ainsi formé, passe encore un fil, qui te permettra de suspendre la botte de raphia à la cage. Ton oiseau s'amusera beaucoup en retirant les fils. Lorsqu'il aura défait ce jouet, tu peux lui en refaire un autre.

son besoin de grignoter (→ page 48). Elles sont également bonnes pour la santé, car l'oiseau, en les grignotant, absorbe des minéraux et des oligo-éléments.

■ Une corde assez grosse, de coton ou de chanvre, suspendue au plafond de la cage ou au perchoir, invite à la gymnastique et à l'escalade. Avec quelques nœuds, elle devient encore plus intéressante pour la perruche.

■ Les petites balles ajourées sont en plastique et contiennent une clochette. Elles sont si légères que l'oiseau peut les transporter dans son bec.

■ Les petites toupies en bois ou en plastique fascinent généralement les perruches ondulées. Lorsque l'on fait tourner la toupie, l'oiseau reste d'abord à distance. Si on la lâche et qu'elle commence à osciller, la perruche ondulée la pousse du bec.

■ Les balançoires se trouvent dans le commerce ou peuvent être fabriquées à l'aide d'anneaux à rideaux en bois, que l'on entoure de raphia.

■ Les perruches ondulées élevées seules choisissent souvent des objets comme partenaires de substitution, comme une perruche ondulée en plastique ou un petit miroir (→ page 115).

Remarque : attachez tous les jouets à une chaîne courte et fine, ou à une ficelle courte et épaisse, afin que l'oiseau ne puisse pas s'étrangler.

Résoudre correctement les problèmes de comportement

Picage (arrachage des plumes)

Problème : les grands perroquets qui vivent seuls ont souvent tendance à s'arracher les plumes. Ils peuvent se dépouiller complètement jusqu'à la tête. Chez les perruches ondulées, ce phénomène est plus rare, mais on en rencontre quelques cas.
Causes possibles : on ne sait pas exactement si cette «manie» est due à un trouble psychique, à une carence, à un problème de métabolisme ou à des parasites. Ce symptôme commence en général à se manifester lorsque l'oiseau est séparé de la personne à laquelle il est attaché ou de son compagnon. Mais certains perroquets ont vécu seuls pendant des années en compagnie d'êtres humains et ont commencé sans raison apparente à s'arracher les plumes.
Solution : si votre perruche ondulée commence un jour à s'arracher les plumes, faites-la examiner par le vétérinaire. Essayez de mettre un terme à l'arrachage en offrant beaucoup d'affection à la perruche et en lui donnant un compagnon.

Agression

Problème : plusieurs perruches ondulées vivent ensemble dans une cage spacieuse, mais ne se supportent pas.
Causes : l'agressivité survient dès qu'il y a promiscuité dans une communauté, et c'est également le cas des perruches ondulées. Dans la nature, les perruches ondulées résolvent les conflits en s'éloignant et en s'envolant. Il est rare qu'elles se pourchassent.

■ Si deux femelles se disputent une cavité qu'elles convoitent pour nicher, la confrontation peut donner lieu à des coups de bec. Le mâle n'aide pas sa femelle dans ce conflit, il reste à l'écart, car une inhibition, innée, lui interdit d'attaquer une femelle. La femelle la plus faible met fin au conflit en s'envolant et est aussitôt conduite par le mâle vers d'autres cavités susceptibles de constituer un nid.

■ S'il y a des conflits entre deux mâles, par exemple lors d'une rivalité pour une femelle, les deux opposants se menacent en se redressant, en plaquant leur plumage contre leur corps et en allongeant le bec. Si aucun des deux oiseaux n'est suffisamment intimidé par ce comportement, ils donnent des coups de bec, avec leur bec à demi ouvert, en direction de leur adversaire, sans toutefois le toucher. Cette «lutte» s'accompagne de cris de menace.
Elle s'interrompt en général par la fuite d'un des deux adversaires.

■ Cela se passe différemment lorsque les perruches ondulées sont élevées à plusieurs dans une volière, une pièce, voire une cage. L'espace est toujours trop restreint, et s'envoler ne permet pas systématiquement à l'oiseau le plus faible d'échapper au regard de son rival. Il peut être poursuivi par ce dernier et menacé à nouveau. Deux mâles peuvent alors se livrer à un véritable duel de coups de becs. L'un des deux oiseaux finira par appuyer fortement une patte sur la poitrine de l'autre, l'obligeant à céder.
Deux femelles rivales sont nettement plus disposées à l'attaque et plus acharnées que les mâles lorsqu'elles se livrent bataille pour une cavité ou pour un mâle. Elles se poursuivent et tentent de s'arracher mutuellement des plumes. La femelle la plus forte pince les pattes de la plus faible, qui perd

souvent du sang. Ces agressions entre deux femelles peuvent se répéter pendant plusieurs semaines, et la plus faible est en général vaincue.
Solution : dans la volière ou l'espace réservé à la reproduction, installez si possible deux nichoirs pour chaque couple d'oiseaux, en les accrochant à la même hauteur. Créez un petit rideau de plantes, pour mettre les oiseaux à l'abri du regard.
N'élevez jamais ensemble trois perruches ondulées de sexes différents ou plusieurs couples avec un oiseau seul.

Incapacité à voler

Problème : la perruche ondulée perd tant de plumes qu'elle ne peut plus voler.
Cause : l'oiseau mue. Ce n'est pas une maladie, mais un processus naturel permettant le renouvellement du plumage.

En liberté, les perruches ondulées muent en général après la nidification, jusqu'à ce que la troupe reparte en quête de nouvelles sources de nourriture. Un oiseau domestique mue une à deux fois par an. La perte des petites plumes se remarque à peine, et celles-ci repoussent au bout de quelques jours. En revanche, si l'oiseau perd les longues plumes de sa queue, il conserve un aspect plutôt amusant pendant plusieurs semaines.
Les perruches âgées notamment, perdent tant de plumes pendant la mue qu'elles sont momentanément incapables de voler.
Solution : proposer à l'oiseau provisoirement hors d'état de voler des accessoires pour grimper, tels qu'une corde de chanvre ou des branches. Ainsi, l'oiseau, en grimpant, pourra aller du sol à la cage ou de la cage à son perchoir extérieur.
Pendant la mue, l'oiseau devrait manger des graines germées et beaucoup d'aliments frais, et ne pas être dérangé pendant ses phases de repos. Pendant cette période, il est particulièrement sensible aux courants d'air et aux changements de température.
Remarque : comme de nombreuses espèces d'oiseaux, la

Une petite perruche ondulée comme celle-ci peut procurer bien des joies.

perruche ondulée qui vit en liberté sur le point d'être capturée par un ennemi peut réagir par une mue déclenchée par l'angoisse. Elle se débarrasse des plumes de sa queue et les abandonne à l'ennemi. Ce comportement est rare chez les oiseaux domestiques. Si cela se produit pour une raison ou pour une autre, gardez l'oiseau pendant quelques jours dans sa cage, accordez-lui beaucoup d'attention et de sollicitude, jusqu'à ce qu'il ait surmonté le choc. Vérifiez si l'oiseau est encore capable de voler avant de le laisser sortir de la cage.

Les plumes ne repoussent pas

Problème : dès que l'oisillon est âgé de 4 semaines, les rectrices et les rémiges tombent ou se cassent. Soit elles ne repoussent pas, soit l'oiseau les perd à nouveau avant même de savoir voler.
Cause : il s'agit de la mue française, maladie spécifique aux perruches ondulées. Les oiseaux ne peuvent plus voler. Chez de nombreux oiseaux affectés, les plumes repoussent après la mue juvénile. Mais ils doivent être exclus de l'élevage.
Solution : les oiseaux affectés par cette maladie s'apprivoisent très bien. Il faut les garder dans une cage spacieuse, dans laquelle ils ont l'occasion de grimper et de faire leur bec.

La perruche ondulée n'émet plus un son

Problème : auparavant, la perruche ondulée gazouillait joyeusement. Mais depuis quelque temps, elle n'émet plus un son.
Cause possible : l'oiseau est âgé. Une perruche ondulée peut atteindre l'âge de 12 ans, certaines parviennent même à 14, voire à 16 ans. Tant qu'une perruche est en bonne santé, active, intéressée à son environnement et a des contacts avec son maître ou son compagnon de cage, on ne peut la qualifier d'âgée, quel que soit le nombre d'années qu'elle a vécu.
Une perruche ondulée qui vieillit se replie de plus en plus sur elle-même et ne quitte presque plus sa place préférée. Elle ne traite plus son jouet préféré comme un compagnon de substitution, en le nourrissant et en s'accouplant avec lui. Si elle aimait auparavant parler ou gazouiller, elle fait maintenant de plus en plus rarement entendre son babillage ou son gazouillement, ou devient complètement muette. Au cours de la vieillesse, une perruche ondulée est souvent affectée

L'oiseau élevé seul se sert souvent d'un jouet comme partenaire de substitution.

par la goutte, une croissance exagérée des griffes ou de la partie supérieure du bec. En raison d'une faiblesse des pattes, elle s'appuie sur les deux pour se reposer. Les phases de repos durant la journée s'allongent.
Comment aider votre perruche ? :
Soignez-la avec douceur et affection, donnez-lui aussi fréquemment que possible un des fruits qu'elle préfère ou une friandise qu'elle adore. Parlez-lui souvent et caressez-la doucement si elle y était habituée. Regardez si elle apprécie d'être éclairée par une lampe infrarouge. Si c'est le cas, placez-en une à distance raisonnable de la cage, et laissez-la allumée jour et nuit (→ page 72). Evitez de déranger ou d'effrayer inutilement votre perruche. Observez-la et essayez de déterminer si elle souffre ou non. La vieillesse d'un oiseau s'accompagne parfois d'une maladie qui passe inaperçue. S'il souffre, amenez-le chez le vétérinaire. Dans ce cas, accordez-lui le seul privilège dont dispose l'animal par rapport à l'homme : épargnez-lui une souffrance inutile en le faisant euthanasier.

Un jouet sert de partenaire de substitution

Problème : la perruche ondulée mâle élevée seule courtise son jouet, une perruche ondulée en plastique, et tente de s'accoupler avec celui-ci.
Cause : la perruche ondulée se comporte avec le jouet comme s'il s'agissait de sa femelle. Une femelle considérera davantage un oiseau en plastique comme son poussin, qu'elle nourrira, plutôt que comme son partenaire. D'autres objets peuvent également être utilisés comme partenaires de substitution. Cela peut être par exemple le miroir suspendu à la cage. Certaines personnes pensent que le miroir n'est pas un objet approprié pour les perruches ondulées. Voir leur image provoquerait une excitation sexuelle inutile. Cependant, l'environnement humain comporte toujours un objet susceptible de refléter l'oiseau, comme un lampadaire en laiton, ou une surface polie.
Le miroir d'une cage console cependant bien mieux de la solitude. L'oiseau peut se serrer contre lui, cacher sa tête derrière ou raconter quelque chose à son reflet. Beaucoup de perruches ondulées choisissent également un petit objet de l'appartement comme partenaire de substitution, qu'elles souhaitent avoir constamment auprès d'elles. Il peut s'agir d'un petit verre à alcool, d'une figurine ou d'un gros bouton, qu'elles peuvent transporter dans leur bec.
Solution : offrir à l'oiseau la compagnie d'une deuxième perruche ondulée.

Habituer deux perruches ondulées l'une à l'autre

Problème : la perruche ondulée élevée seule jusqu'ici ne s'entend pas avec son nouveau compagnon.
Causes possibles : dans la nature, une perruche ondulée peut choisir entre différents partenaires au sein de la troupe. Ce n'est pas le cas lorsqu'elle est élevée par un être humain. C'est pourquoi il peut arriver qu'un oiseau rejette le partenaire qu'on lui a attribué. L'oiseau déjà présent se considère en outre comme propriétaire du territoire, et s'arroge le droit d'expulser les congénères qu'il n'apprécie pas.

Solution : lorsque vous constatez qu'un oiseau attaque l'autre, il faut les séparer de nouveau.

Il est plus facile d'habituer un oiseau à un autre si vous parvenez à vous procurer un oisillon (→ page 88). Dans un premier temps, installez l'oisillon dans une petite cage.

Placez cette cage dans une autre pièce que celle où se trouve la perruche ondulée déjà présente. Le jeune oiseau ne connaît pas encore d'être humain et n'en a pas peur. Il se laisse prendre sans crainte dans votre main, apprécie même votre chaleur corporelle et vous fait entièrement confiance.

Parlez-lui, afin qu'il s'habitue à vous et à votre voix. S'il ne peut encore manger seul, nourrissez-le de graines décortiquées, pilées dans un mortier, que vous disséminerez sur le sol. Donnez-lui également un peu de biscotte écrasée qu'il mangera dans votre main.

Au bout de trois ou quatre jours, vous pouvez mettre les deux perruches ondulées ensemble - sous surveillance tout d'abord ! En fonction du comportement de l'occupant du territoire, vous laisserez les oiseaux ensemble ou les séparerez à nouveau.

Si le jeune oiseau n'est pas encore capable de voler, vous devez d'abord poser sa cage dans un coin sur le sol. De cette position, il pourra grimper à l'extérieur de la cage pour découvrir l'environnement.

Au début, vous devriez installer des accessoires pour grimper, comme des cordes de chanvre, pour l'oisillon dont le vol reste incertain, de sorte qu'il puisse atteindre le perchoir et la cage de son congénère. Au bout d'une semaine, le petit vole presque aussi habilement que son partenaire adulte.

Remarque : le sexe ne joue aucun rôle dans le choix de la deuxième perruche ondulée, si vous n'avez pas l'ambition de réaliser un élevage. Car si deux oiseaux du même sexe vivent ensemble, l'un des deux assumera au bout d'un certain temps le rôle du partenaire manquant.

Peur panique

Problème : la perruche ondulée, malgré tout vos efforts, ne s'apprivoise pas. Elle se serre peureusement dans un coin, dès que vous introduisez la main dans sa cage.

Causes possibles : la confiance de l'oiseau en l'homme est altérée. Il est probable qu'il a subi quelques chocs pendant sa période d'acclimatation. Il peut par exemple avoir été brutalement capturé à la main, ou attrapé et transporté contre son gré. Etre attrapé est une expérience qui panique les oiseaux.

Solution : ce n'est qu'avec beaucoup de patience et beaucoup d'attention que l'on rendra à un oiseau sa confiance vis-à-vis de l'homme. Souvent, le souvenir de la mauvaise expérience est si tenace, qu'il ne pourra plus jamais être apprivoisé.

Remarque : ne prenez jamais un oiseau dans la main, surtout s'il en a encore peur. Evitez également de l'attraper en plein vol, par exemple s'il vole dans la pièce et qu'il faut absolument qu'il retourne dans sa cage (→ page 104). Vous pourriez le blesser involontairement. Si vous devez attraper l'oiseau pour une raison importante, faites-le dans une pièce presque complètement plongée dans le noir. Il ne voit alors pas bien et ne tente pas de s'échapper. Pourchasser l'oiseau réduit la confiance de celui-ci à néant.

Perte du partenaire

Problème : lorsque son partenaire est mort, la perruche ondulée s'est désintéressée de tout. Elle ne joue plus, ne gazouille que tout doucement et ne veut plus quitter sa cage.
Cause : l'oiseau s'ennuie de son partenaire. Lorsqu'un couple de perruches ondulées se constitue, les deux oiseaux sont très liés. Ils restent fidèles toute leur vie.
Solution : donnez un nouveau compagnon à l'oiseau resté seul. Essayez de vous procurer un oiseau tout jeune (→ Habituer deux perruches ondulées l'une à l'autre, page 115). Le «vieil» oiseau considérera peut-être le «jeune» comme son petit et trouvera une distraction à son chagrin, par exemple en essayant de nourrir le petit.

L'oiseau dort la tête en bas

Problème : la perruche ondulée ne dort pas dans une position normale, c'est-à-dire en reposant sur une jambe, la tête enfouie dans les plumes de son dos, mais elle est accrochée au plafond de la cage, tête en bas.
Causes possibles : il peut s'agir d'une particularité de l'oiseau. Il est également possible que la perruche ondulée veuille ainsi se faire remarquer.
Solution : occupez-vous beaucoup de l'oiseau. Peut-être a-t-il besoin de plus d'attentions.

Œufs endommagés

Problème : deux œufs sont légèrement fendillés. Est-il encore possible de sauver la nichée ?
Cause : il arrive fréquemment que la femelle endommage un œuf en effectuant un mouvement brusque.
Solution : tant que la membrane de l'œuf située sous la coquille est intacte, on peut essayer de réparer l'œuf avec précaution. Utilisez pour cela la coquille d'un œuf de poule. Découpez-en un petit morceau adapté et collez-le sur l'endroit endommagé avec un peu de blanc d'œuf (provenant d'un œuf de poule).

Voici deux oiseaux qui s'entendent bien.

Ma perruche ondulée

Collez ici votre photo préférée

Nom

Reçue le

Eleveur / Animalerie / Amis

Sexe

Couleur du plumage

N° de sa bague

Signes particuliers

Nourriture préférée

Caractéristique typique de ma perruche

Vétérinaire, nom, adresse

Les numéros de page indiqués **en gras** renvoient aux photos et aux illustrations.

La laitue que l'on trouve dans les supermarchés est en général fortement traitée. Ne donnez à votre perruche ondulée que des laitues cultivées par vos soins ou de culture biologique.

Une perruche ondulée passe plusieurs heures par jour à soigner à fond son plumage.

Il peut y avoir plusieurs accouplements avant qu'il y ait des jeunes.

Adresses utiles

Société centrale d'aviculture de France
23, rue du Moutier
95 300 ENNERY PONTOISE

S.P.A.
39, bd Berthier
75 017 PARIS
Tél. : 01.43.80.40.66

SCAF (Société centrale d'aviculture de France)
34, rue de Lille
75 007 PARIS

Organisation Internationale Ornithologique (O.I.O.)
38, rue Keller
75 011 PARIS

Club des Oiseaux Parleurs (C.A.O.P.)
Mme T. de CLINCHAMP
03 240 LE MONTET

Vous pouvez obtenir des adresses de clubs d'oiseaux auprès des associations précédentes.

Questions sur les perruches ondulées

AFIRAC, Association Française d'Information et de Recherche sur l'Animal de Compagnie
23, rue du Cherche-Midi,
75 006 PARIS
Tél. : 01.45.44.03.48

Livres utiles

(disponibles dans les librairies ou dans les bibliothèques)

Richard Mark Martin
Le multiguide des oiseaux de cage et de volière, Bordas

Marie-Louise Vidal de Fonseca
Perruche ondulée et grandes perruches, Dargaud (La vie en vert, Rustica)

M. Legendre
Oiseaux de cage, Editions N. Boubée & Cie

Revues

L'Univers des Oiseaux (O.I.O.), 38, rue Keller, 75 011 PARIS

Le Journal des Oiseaux
59, rue du Faubourg-Poissonnière, 75 009 PARIS

Animaux magazine
(mensuel édité par la SPA)

L'auteur

Spécialiste des oiseaux, Annette Wolter possède des perruches ondulées depuis de nombreuses années et est l'auteur de l'un des ouvrages les plus célèbres sur les perruches ondulées. Elle vit et travaille en France, où elle est en contact avec des vétérinaires, des chercheurs en comportement et des éleveurs, ce qui lui permet de bien connaître les oiseaux.

Le photographe

Les photos de cet ouvrage ont été réalisées par Uwe Anders, à l'exception de celles des pages suivantes, provenant de sources diverses : Arendt et Schweiger/H. Schweiger : pages 6/7, 8, 10/11, 12, 92/93 ; Centre d'information allemand sur les oiseaux domestiques : pages 105, 106, 113 ; Juniors : pages 90/91 ; Reinhard : grande photo de la page 1 du rabat de la couverture ; Wegler : pages 9, 14, 16, 32, 33 gauche, droite, 40 en bas, 41 en haut à droite, 47, 48 gauche, 51, 52, 55 en bas, 61, 63, 65 en haut, en bas, 69, 71, 74, 94, 98, 102, 103 en bas, 108 en haut, en bas, 117.
Uwe Anders est biologiste et exerce depuis de nombreuses

années les métiers de photographe de la nature à titre indépendant et de cameraman pour des sociétés de production de films sur la nature. Il écrit également des articles sur la nature et enseigne dans diverses institutions la photographie de la nature et des voyages.

L'illustratrice

Renate Holzner exerce la profession d'illustratrice indépendante. Son répertoire, très large, s'étend des dessins au trait jusqu'aux illustrations extrêmement réalistes en passant par la création assistée par ordinateur.

Remerciements

L'auteur et l'éditeur remercient Herbert Hummel, éleveur et 1er président de l'association allemande des éleveurs de perruches ondulées standard, pour ses conseils et son soutien, ainsi que Reinhard Hahn pour sa contribution au chapitre «Questions juridiques».

Photos de la couverture

Première : On reconnaît les mâles à leur cire bleue (grande photo).
Ravissante perruche ondulée bleue (petite photo).
Quatrième : Les jouets comme cette perruche ondulée en plastique servent souvent de partenaires de substitution aux oiseaux seuls.

Edition

L'édition originale de cet ouvrage a été publiée sous l'intitulé *Der Wellensittich, Mein Heimtier* par Gräfe und Unzer Verlag GmbH, Munich.

2-501-02984-4
D.L. mars 98/0099/039

Conseils importants

Ce livre traite de la manière dont il faut s'occuper des perruches ondulées.
Les personnes qui sont allergiques aux plumes ou à la poussière des plumes ne devraient pas avoir d'oiseaux. En cas de doute, interrogez votre médecin.
Lorsque l'on s'occupe de perruches ondulées, il peut arriver qu'elles vous infligent des blessures en vous mordant ou en vous griffant. Faites immédiatement soigner ces blessures par le médecin.
La «maladie du perroquet» (psittacose, ornithose) est devenue très rare aujourd'hui (→ page 81), mais elle peut entraîner chez l'homme et chez les perruches ondulées des pathologies à issue mortelle. Si vous soupçonnez cette maladie chez votre perruche ondulée, conduisez-la chez le vétérinaire. Si vous-même présentez des symptômes de refroidissement ou de grippe, il faut absolument que vous consultiez le médecin et que vous lui signaliez que vous avez un oiseau.

Test sur les perruches ondulées (verso de la couverture)

1a (→ Toilette de la perruche ondulée, page 66)
2b (→ Naissances au sein de la colonie, page 14)
3a (→ Toilette de la perruche ondulée, page 66)
4b (→ Langage corporel, page 94)
5b (→ Soins réciproques du plumage, page 66)
6a (→ Langage corporel, page 94)
7a (→ Toilette de la perruche ondulée, page 66)
8a (→ Langage corporel, page 94)
9a (→ Langage corporel, page 94)
10a (→ Toilette de la perruche ondulée, page 66)

L'accouplement devient un exercice acrobatique lorsque le mâle monte sur le dos de la femelle.

Test sur les perruches ondulées

Ce test te permet de vérifier si tu connais bien ta perruche ondulée. Coche la bonne réponse sous chaque photo. Les solutions figurent à la page 127.

Un bâillement fréquent indique un manque d'oxygène.

1
- ☐ *a) L'oiseau nettoie ses ailes.*
- ☐ *b) Il se gratte avec son bec.*

2
- ☐ *a) les deux oiseaux se becquettent.*
- ☐ *b) Le mâle nourrit la femelle.*

3
- ☐ *a) L'oiseau se gratte.*
- ☐ *b) L'oiseau dort.*